U0666747

昭咕厘佛寺

庫木吐拉石窟五聯洞

俄羅斯國立艾爾米塔什博物館藏
龜兹藝術品

II

俄羅斯國立艾爾米塔什博物館
西北民族大學
上海古籍出版社

上海古籍出版社·2018

監 印

趙德安 高克勤（中方）

維林巴赫夫（俄方）

主 編

才　讓（中方）

謝苗諾夫（俄方）

副主編

束錫紅 府憲展（中方）

薩瑪秀克（俄方）

撰 文

薩瑪秀克

攝 影

列昂納德・海菲茨　斯維特蘭娜・蘇耶托娃

達利亞・鮑勃羅娃　尤里・莫洛德科維茨

俄−漢翻譯

楊軍濤

責任編輯

盛 潔

裝幀設計

府憲展

Памятники искусства из Кучарского оазиса хранящиеся в Государственном Эрмитаже

II

Государственный Эрмитаж
Северо-западный Национанный Университет
Шанхайское Издательство “Древняя книга”

Шанхайское Издательство “Древняя книга”
Шанхай 2018

Наблюдение за изданием
Г.В.Вилинбахов (Россия)
Чжао Дэ-ань Ван Син-кан (Китай)

Ответственные редакторы
Г.С.Семенов (Россия)
ЦеРинг (Китай)

Заместители ответственные редакторы
Кира Самосюк (Россия)
Шу Сы-хун Фу Сянь-чжань (Китай)

Автор каталога
Кира Самосюк

Фотографы
Леонард Хейфиц Светлана Суетова
Дарья Боброва Юрий Молодковец

Перевод с русского языка на китайский
Ян Цзюнь-тао

Отвестенный редактор
Шэн Цзе

Художественное оформление
Фу Сянь-чжань

Kuche Art Relics Collected in the State Hermitage Museum of Russia

II

The State Hermitage Museum, Russia
Northwest University for Nationalities
Shanghai Chinese Classics Publishing House

Shanghai Chinese Classics Publishing House
Shanghai 2018

Supervisors

G.V.Vilinbahov (Russia)

Zhao De'an Gao Keqin (China)

Editors-in-Chief

Grigory Semenov (Russia)

Tshering (China)

Vice Editors-in-Chief

Kira Samosiuk (Russia)

Shu Xihong Fu Xianzhan (China)

Author

Kira Samosiuk

Photographers

Leonard Kheifets Svetlana Suetova

Dariya Bobrova Yuriy Molodkovets

Russian Chinese Translator

Yang Juntao

Editor-in-Charge

Sheng Jie

Cover Designer

Fu Xianzhan

121

122

121. 釋迦武士

Śakya Warrior

黄土，黏土，植物纖維，木骨架，顏料；彩繪
高 48 釐米
龜茲 公元 6–7 世紀
1931 年接收自人類學及人種學博物館；M・M・別列佐夫斯基購買（？）
資産清册編號：КУ-206

站立的武士，保存至脛。雙腿微分，略前傾；左手抬起至額，仿佛遮擋陽光向遠處張望，右臂肘部彎曲。頭上是緊裹着的頭盔，在額上以三角形角結束；頂上是尖頂裝飾，不同於“畫家窟”中較早的有細長尖頂裝飾的盔（戈列利克 M・B・Горелик，1995 年，表 54，圖 1、2、21），也不同於較晚的焉耆盔。有雕塑雙翻領的鎧甲和長外衣的前襟，中心綫開襟至腰部。胸甲（戈列利克誤稱其爲“胸肌”）以藍色劃分出，但無其他塑像上的面具形雕像裝飾。領低，與“畫家窟”中鎧甲上獨特的高領不同，該窟被確切地斷代爲公元 4（5？）世紀。因此，在黏土塑像上呈現出的一組龜茲鎧甲年代較晚。鎧甲的下部是“裙”和長至膝下的護腿，繪飾磚紅色和仿金屬板片的白色寬條紋。鎧甲的袖細窄且短，位於肘部上方，以寬的圖案緣飾結束，其底下穿着軟織物的衣袖。右側腰上繫裝着弓的箭筒，其長至膝，向下擴展，縱軸上有肋骨似的凸起，有三條横向裝飾“懸帶”。左側腰上懸掛某物，可能是部分保存下來的鞘。藍色護腹。臉面年輕，五官精緻，鼻小，雙唇微笑。眉間皺紋塑型柔和，鼻梁上有浮雕小圓圈。因爲是靠墻貼塑，背部加工處理得不好。

參考文獻：佳科諾娃，1989 年，圖録 158；《神與人》（God and Man），圖録 III；《千佛洞》（Пещеры тысячи будд），圖録 87б；M・B・戈列利克，1995 年，第 401、403 頁，表 51，圖 9、10、11。

122. 釋迦武士

Śakya Warrior

黄土，黏土，麥秸，木骨架，顏料；彩繪
高 40 釐米
龜茲 公元 6–7（？）世紀
1931 年接收自人類學及人種學博物館；M・M・別列佐夫斯基購買（？）
資産清册編號：КУ-210

武士立像，弓箭手。塑像風格上近似於圖録 121。

參考文獻：佳科諾娃，1989 年，圖録 157；《神與人》（God and Man），圖録 III-17；《千佛洞》（Пещеры тысячи будд），圖録 87а。

123. 釋迦武士

Śakya Warrior

黄土，黏土，植物纖維，木骨架，顏料；彩繪
高 40 釐米
龜茲 公元 6–7 世紀
1931 年接收自人類學及人種學博物館；M・M・別列佐夫斯基購買（？）
資産清册編號：КУ-207

據手臂的姿勢判斷，武士曾佩劍。塑像風格上近似於圖録 121。

參考文獻：《神與人》（God and Man），圖録 III-16；《千佛洞》（Пещеры тысячи будд），圖録 87в。

124. 釋迦武士

Śakya Warrior

黄土，黏土，麥秸，木骨架，顏料；彩繪

高 21.5 釐米

龜兹 公元 6–7 世紀（？）

1931 年接收自人類學及人種學博物館；M・M・别列佐夫斯基購買（？）

資産清册編號：КУ-208

武士的頭與軀幹。插圖中展示背部。無左臂，右臂保存至肘部並向上抬起，揮向一側。頭轉向左。塑像風格上近似於圖録 121。

首次公佈

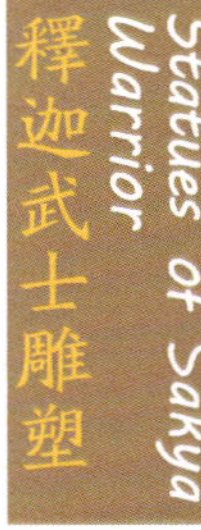

125. 釋迦武士

Śakya Warrior

黄土，黏土，麥秸，木骨架，顔料；彩繪

高 21 釐米

龜兹 公元 6 世紀（？）

1931 年接收自人類學及人種學博物館；考察隊不明

資産清册編號：КУ-213

武士像殘塊。頭轉向左，右臂肘部彎曲。也許塑造的是騎士。塑像風格上近似於圖録 121。

首次公佈

126. **釋迦騎士**

Śakya Cavalry

黄土，黏土，麥秸，木骨架，顏料；彩繪

高 20.5 釐米

龜茲 公元 6–7（?）世紀

1931 年接收自人類學及人種學博物館；考察隊不明

武士的頭與軀幹。和圖録 123 相似。

參考文獻：佳科諾娃，1989 年，圖録 159；《千佛洞》（Пещеры тысячи будд），圖録 86a。

127. 釋迦騎士

Śakya Cavalry

黄土，黏土，麥秸，木骨架，顔料；彩繪

高 20.5 釐米

龜兹 公元 6–7（？）世紀

1931 年接收自人類學及人種學博物館；考察隊不明

資産清册編號：КУ-211

武士的頭與軀幹。好像握着繮繩的手和腿部跨騎的姿勢，以及胸上的“戈耳戈涅斯”面具護胸鏡都證明，塑造的是騎士。塑像風格上近似於圖録 121。

参考文獻：佳科諾娃，1989 年，圖録 159；《千佛洞》（Пещеры тысячи будд），圖録 86a。

128. 釋迦武士

Śakya Warrior

黄土，黏土，麥秸，木骨架，顏料；彩繪

高 20 釐米

龜兹 公元 6 世紀（?）

1931 年接收自人類學及人種學博物館；考察隊不明

資産清册編號：KY-214

頭轉向左上方。雙臂缺失，顏料磨損。塑像風格上近似於圖録 121。

首次公佈

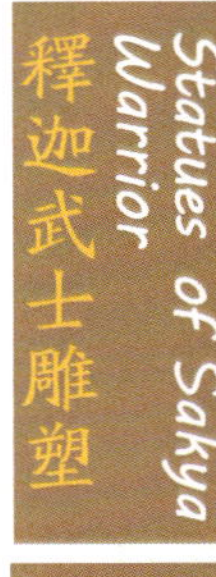

129. 釋迦武士

Śakya Warrior

黄土，黏土，麥秸，木骨架，顔料；彩繪

高 20 釐米

龜兹 公元 6 世紀（？）

1931 年接收自人類學及人種學博物館；M・M・別列佐夫斯基購買（？）

資産清册編號：КУ-212

武士的上半身，右臂缺失，頭微向上抬起。胸上左邊保存有雕塑裝飾護胸鏡面具留下的痕蹟。塑像風格上近似於圖録 121。

首次公佈

130. 釋迦武士

Śakya Warrior

黄土，黏土，麥秸，木骨架，顔料；彩繪

高 16.5 釐米

龜兹 公元 6 世紀（？）

1931 年接收自人類學及人種學博物館；M・M・别列佐夫斯基購買（？）

資産清册編號：KУ-215

頭略向右前傾。右邊胸上是“戈耳戈涅斯” 面具的護胸鏡。左邊的面具未保存下來。人們認爲，面具起源於羅馬士兵的武裝盔甲，那時可將這個面具處理爲“墨杜薩－戈耳戈涅斯”。着色與塑像形狀不吻合。塑像風格上近似於圖録 121。

首次公佈

131. 釋迦騎士的軀幹

Torso of Śakya Cavalry

黄土，黏土，麥秸，木骨架，顔料；彩繪

高 16 釐米

龜兹 公元 6 世紀（？）

1931 年接收自人類學及人種學博物館；M・M・别列佐夫斯基購買（？）

資産清册編號：KY-216

頭、手臂、軀幹下部缺失。可見殘餘的樹條和麥秸骨架。右邊胸上保存下了有“戈耳戈涅斯” 面具的護胸鏡。塑像風格上近似於圖録 121。

首次公佈

132. 釋迦武士的裙裾

Skirt of Śakya Warrior

黄土，黏土，麥秸，木骨架，顏料；彩繪

高 24 釐米

龜茲 公元 6 世紀（？）

1931 年接收自人類學及人種學博物館；考察隊不明

資産清册編號：КУ-217

僅鎧甲下部保存下來。塑像風格上近似於圖録 121。

首次公佈

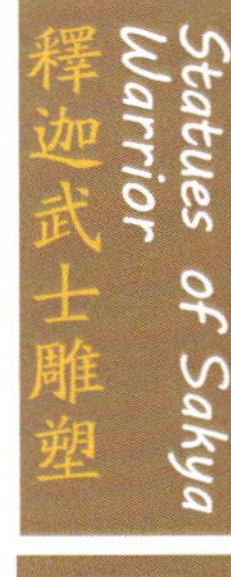

133. 釋迦武士頭

Head of Śakya Warrior

黄土，黏土，麥秸，木骨架，顏料痕蹟；彩繪

高 8 釐米

龜茲 公元 6 世紀（？）

1931 年接收自人類學及人種學博物館；考察隊不明

資産清册編號：КУ-218

盔緊裹着頭，並在額中央垂落下一角。着色完全失去。

首次公佈

134. 釋迦武士頭

Head of Śakya Warrior

黄土，黏土，麥秸，木骨架，顏料；彩繪

高 8 釐米

龜兹

公元 6 世紀（？）

1931 年接收自人類學及人種學博物館；考察隊不明

資産清册編號：КУ-220

盔上的尖頂缺失。

首次公佈

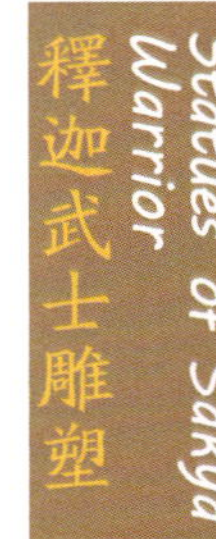

135. 釋迦武士頭

Head of Śakya Warrior

黄土，黏土，麥秸，木骨架，顏料；彩繪

高 8 釐米

龜茲 公元 6 世紀（?）

1931 年接收自人類學及人種學博物館；考察隊不明

資産清册編號：КУ-221

盔上的尖頂缺失。

首次公佈

136. 釋迦武士頭

Head of Śakya Warrior

黄土，黏土，麥秸，木骨架，顔料；彩繪

高 10 釐米

龜兹 公元 6 世紀（？）

1931 年接收自人類學及人種學博物館；考察隊不明

資産清册編號：КУ-222

盔上的尖頂保存下來了。塑像風格上近似於圖録 121。

首次公佈

137. **釋迦武士頭**

Head of Śakya Warrior

黄土，黏土，麥秸，顔料；彩繪

高 8 釐米

龜兹 公元 6 世紀（？）

1931 年接收自人類學及人種學博物館；考察隊不明

資産清册編號：КУ-219

盔緊裹着頭，並在額中央垂落下一角。部分失去着色。

首次公佈

138. 釋迦武士頭

Head of Śakya Warrior

黃土，黏土，麥秸，木骨架，顏料痕蹟；彩繪

高 11 釐米

龜兹 公元 6 世紀（？）

1931 年接收自人類學及人種學博物館；考察隊不明

資産清册編號：КУ-229

盔緊裹着頭，尖頂保存下來了；因有肋骨狀凸棱的加工處理形式而不同於其他盔。臉塗橙褐色，眉、眼瞳和唇髭塗飾黑色，嘴紅。

首次公佈

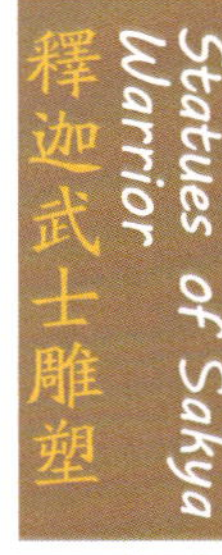

139. 釋迦武士頭

Head of Śakya Warrior

黄土，黏土，麥秸，木骨架，顏料痕蹟；彩繪

高 11 釐米

龜兹 公元 6 世紀（？）

1931 年接收自人類學及人種學博物館；考察隊不明

資産清册編號：КУ-230

盔緊裹着頭，尖頂保存下來了。因有肋骨狀凸棱的加工處理形式而不同於其他盔。臉塗橙褐色，眉、眼瞳和唇髭塗飾黑色，嘴紅。類似於圖録 138。

首次公佈

140. 釋迦武士的頭

Head of Śakya Warrior

黄土，黏土，麥秸，木骨架，顏料痕蹟；彩繪

高 10.5 釐米

龜兹 公元 6 世紀（?）

1931 年接收自人類學及人種學博物館；考察隊不明

資産清册編號：КУ-248

眼眶勾綫，眉頭緊蹙，雙眉相接。

首次公佈

141. 釋迦武士的頭

Head of Śakya Warrior

黄土，黏土，麥秸，木骨架，顏料痕蹟；彩繪

高 9.5 釐米

龜兹 公元 6 世紀（？）

1931 年接收自人類學及人種學博物館；考察隊不明

資産清册編號：КУ-249

盔裹着頭，並遮蓋雙耳。與其他盔不同，它在額上不是以突出的小角結束，而是塑造成平直綫，像錫克沁《圍攻拘尸那》壁畫中的一樣（資産清册編號：ШШ-779а、б）。

首次公佈

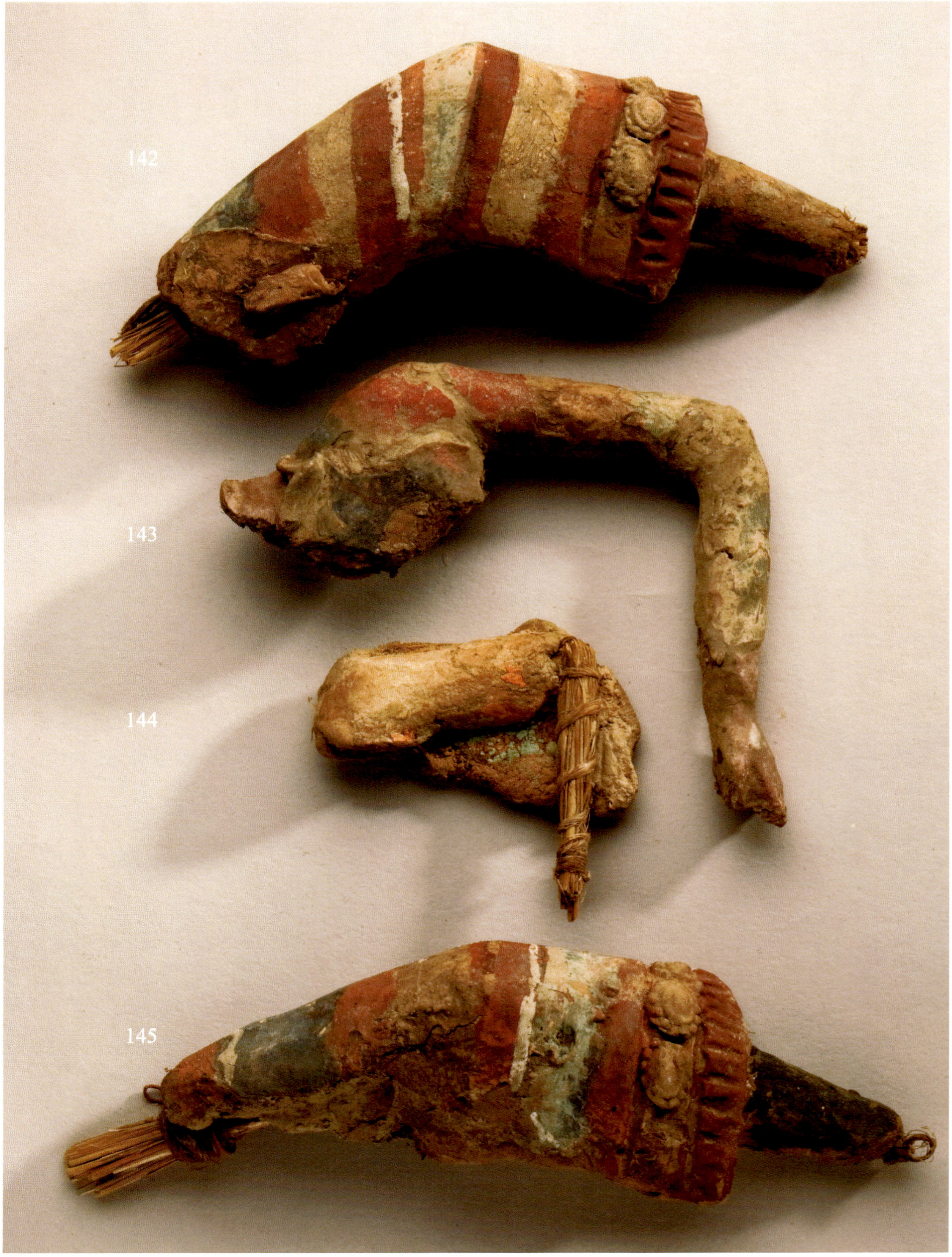

142. 釋迦武士的腿

Leg of Śakya Warrior

長 21 釐米

資産清册編號：KY-263

143. 釋迦武士的左肩

Left Shoulder of Śakya Warrior

8 釐米 × 8 釐米

資産清册編號：KY-266

144. 釋迦武士的左肩

Left Shoulder of Śakya Warrior

8 釐米 × 8 釐米

資産清册編號：KY-274

145. 釋迦騎士的股與脛

Leg of Śakya Warrior

長 23. 5 釐米

資産清册編號：KY-264

146. 弓箙

Bowsherth

長 13 釐米

資産清册編號：КУ-308

147. 弓箙

Bowsherth

長 18 釐米

資産清册編號：КУ-306

長口袋形的弓套，放弓的開口飾以圓棱。下部裝飾塑造的葉子。有紅色顏料痕蹟。

148. 弓箙

Bowsherth

長 13 釐米

資産清册編號：КУ-312

劍鞘殘塊固定於其上。有紅色和白色顏料痕蹟。

149. 劍鞘

Scabbard

長 18.5 釐米

資産清册編號：КУ-313

劍插入鞘中，鞘上有兩個半圓形鈕環。長條形劍柄有不大的橢圓形護手盤。

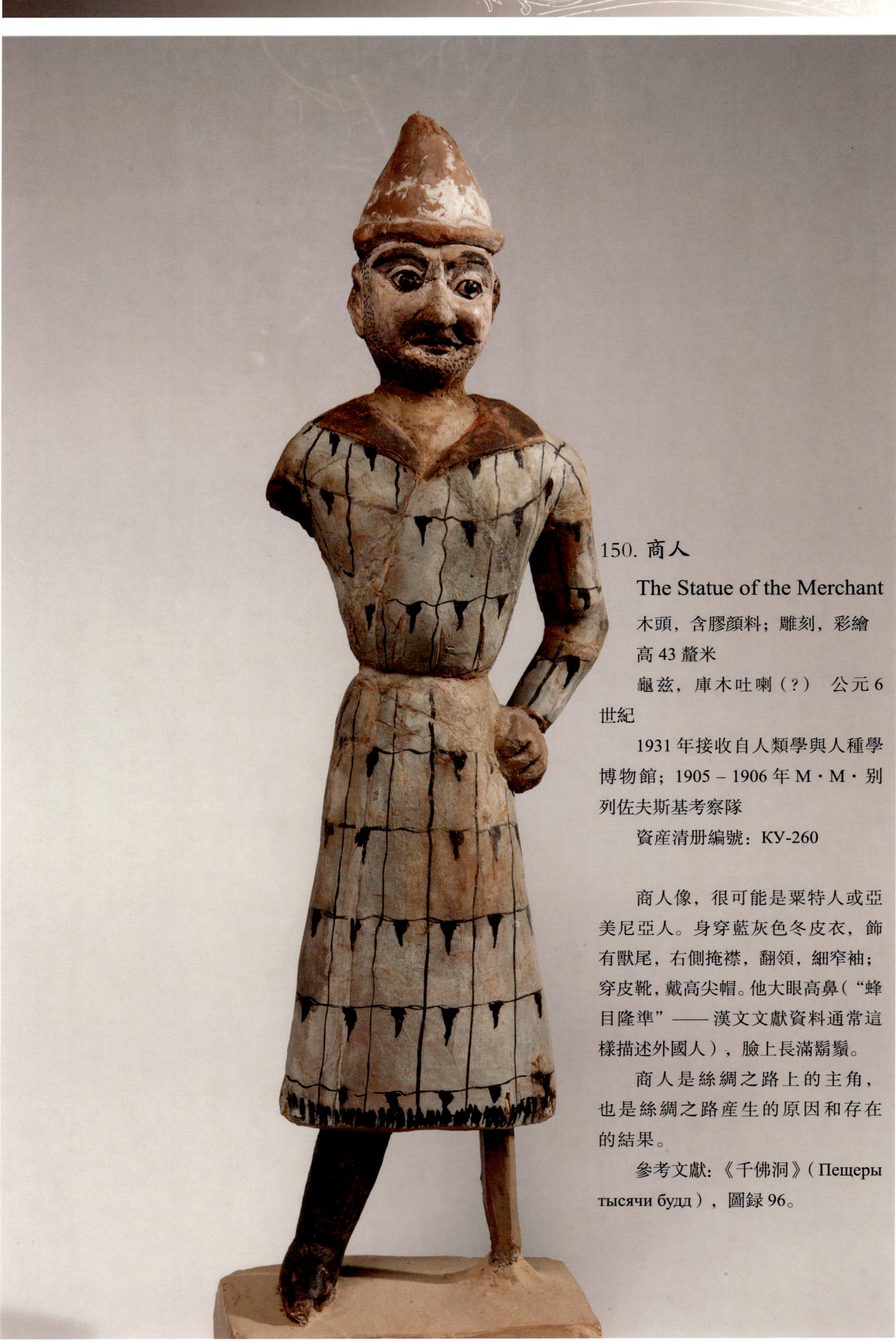

150. 商人

The Statue of the Merchant

木頭，含膠顔料；雕刻，彩繪

高 43 釐米

龜兹，庫木吐喇（?） 公元 6 世紀

1931 年接收自人類學與人種學博物館；1905 – 1906 年 M・M・别列佐夫斯基考察隊

資産清册編號：КУ-260

商人像，很可能是粟特人或亞美尼亞人。身穿藍灰色冬皮衣，飾有獸尾，右側掩襟，翻領，細窄袖；穿皮靴，戴高尖帽。他大眼高鼻（“蜂目隆準”——漢文文獻資料通常這樣描述外國人），臉上長滿鬍鬚。

商人是絲綢之路上的主角，也是絲綢之路産生的原因和存在的結果。

參考文獻：《千佛洞》（Пещеры тысячи будд），圖録 96。

151. 天人

Devata

木頭，雕刻

高 31 釐米

龜兹緑洲，庫木吐喇（？） 公元 6 世紀

1931 年接收自人類學與人種學博物館；1905 – 1906 年 M・M・別列佐夫斯基考察隊（？）

資産清册編號：КУ-425

半圓雕。天人的頭與軀幹。木頭嚴重風化，具頭光，高髮髻，胸上有裝飾痕蹟，雙臂肘部彎曲，雕像下部有長方形大孔，其上大概固定帔帛，現在缺失。

首次公佈

152. 交脚彌勒

Seated Maitreya with Crossed Ankles

木頭，顏料痕蹟；雕刻，彩繪

7 釐米 × 4 釐米

龜茲，庫木吐喇（？） 公元 6 世紀

1931 年接收自人類學與人種學博物館；1905 – 1906 年 M・M・別列佐夫斯基考察隊

資産清册編號：КУ-487

浮雕：呈菩薩相的彌勒坐在寶座上，雙腿下垂，交於踝處，爲所謂的彌勒姿勢，這也使得能够確定其名稱。

參考文獻：《千佛洞》（Пещеры тысячи будд），圖録 91。

153. 人像左側

A Fragment of a Man's Figure

木頭，有顔料痕蹟；雕刻，彩繪

高 12.5 釐米

龜兹，庫木吐喇（？） 公元 6 世紀

1931 年接收自人類學與人種學博物館；1905 – 1906 年 M · M · 别列佐夫斯基考察隊（？）

資産清册編號：КУ-483

爲立姿人形，殘存身軀和左臂，長袖垂地。

首次公佈

154. 天人左臂

Left Arm of Devata

木頭，雕刻

15 釐米 × 8 釐米

龜兹，庫木吐喇（？） 公元 6 世紀

1931 年接收自人類學與人種學博物館；1905 – 1906 年 M · M · 别列佐夫斯基考察隊

資産清册編號：КУ-488

殘存左臂、披帛，下方似爲象鼻。

參考文獻：《千佛洞》（Пещеры тысячи будд），圖録 93。

155. 菩薩

Bodhisattva

木頭；雕刻

高 5 釐米

龜茲，庫木吐喇（？） 公元 6 – 7 世紀初

1931 年接收自人類學與人種學博物館；1905 – 1906 年 M・M・別列佐夫斯基考察隊

資産清册編號：KY-549

頭戴冠，有髪綹，具頭光。臉面豐滿，雙眼大睁，嘴小。木頭嚴重風化。

首次公佈

156. **化佛**

Figure of Buddha

木頭，有貼金和顔料痕蹟；雕刻，彩繪

18 釐米 × 5 釐米

龜兹，庫木吐喇 公元 6 世紀

1931 年接收自人類學與人種學博物館；1905 – 1906 年 M·M·别列佐夫斯基考察隊

資産清册編號：КУ-822

雕刻身光殘塊。佛呈結跏趺坐於兩層蓮花寶座上；在其上方由細長花瓣構成雕刻身光。下面的枝芽模仿蓮花的莖杆。

参考文獻：《千佛洞》（Пещеры тысячи будд），圖録 88。

157. 天人

Devata

木頭；雕刻

9 釐米 ×6 釐米

龜茲，庫木吐喇（？） 公元 6 – 7 世紀初

1931 年接收自人類學與人種學博物館；1905 – 1906 年 M・M・別列佐夫斯基考察隊

資産清册編號：КУ-489

雕刻身光殘塊：呈飛行姿勢的天人或樂天的頭與軀幹。圓潤豐滿的臉和髮型的處理都使人想起焉耆綠洲天人黏土塑像的臉（資産清册編號：ШШ-5、6）。

参考文獻：《千佛洞》（Пещеры тысячи будд），圖録 89。

158. 天人

Devata

木頭；雕刻，貼金

高 14 釐米

龜兹，庫木吐喇（？） 公元 6 世紀

1931 年接收自人類學與人種學博物館；1905 – 1906 年 M・M・别列佐夫斯基考察隊

資産清册編號：КУ-427

三角形細長殘塊。淺浮雕雕刻出天人的臉和部分軀幹，髮型蓬鬆，戴耳環，有殘餘的頭光；穿着外衣，有飾物，胸上有圓形花飾。

首次公佈

159. 菩薩

Bodhisattva

木頭，有顏料痕蹟；雕刻，彩繪

14 釐米 × 6 釐米

龜玆，庫木吐喇（？） 公元 6 – 7 世紀初

1931 年接收自人類學與人種學博物館；1905 – 1906 年 M・M・別列佐夫斯基考察隊

資産清册編號：КУ-537

菩薩臉面瘦長，下巴厚重，繪有唇鬚。頭髮整齊地梳成一綹綹的髮型。頭上 —— 三珠冠，珠之間有穿過的細帛帶，與吐峪溝 – 麻扎壁畫中彌勒佛的冠類似（《千佛洞》，圖録 146），也與圖木舒克和錫克沁黏土塑像上的近似（《千佛洞》，圖録 125）。

參考文獻：《千佛洞》（Пещеры тысячи будд），圖録 90。

159.2（又一幅照片 Another Picture）

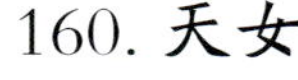

160. 天女

Apsara

木頭，有顏料痕蹟，貼金；雕刻

9 釐米 × 3 釐米

龜兹，庫木吐喇（?） 公元 6 世紀

1931 年接收自人類學與人種學博物館；1905 – 1906 年 M・M・别列佐夫斯基考察隊

資産清册編號：КУ-429

浮雕右側，也許是身光的上部。演奏長笛的樂天雙腿優雅地交叉站立，是龜兹綠洲這一時期許多雕塑像的獨特姿勢。

參考文獻：《千佛洞》（Пещеры тысячи будд），圖録 92

161. 十字圓盤

Wooden Disk with a Cross

木頭；雕刻

高 12 釐米

龜兹，庫木吐喇（？） 公元 7 – 13（？）世紀

1931 年接收自人類學與人種學博物館；1905 – 1906 年 M · M · 别列佐夫斯基考察隊

資産清册編號：КУ-500

某物的頂部或部件，由一個圓盤和"三股叉"狀的三條"枝"形下部組成，圓盤上雕刻等長的景教十字。

首次公佈

162. 人像殘塊

A Fragment of a Man's Statue

木頭；雕刻

高 25 釐米

龜兹，庫木吐喇（？） 公元 7 世紀（？）

1931 年接收自人類學與人種學博物館；1905 – 1906 年 M · M · 别列佐夫斯基考察隊

資産清册編號：КУ-503

殘存人物由胸至脚的身軀和左手臂。

首次公佈

163. 菩薩

Bodhisattva

木頭；雕刻

高 6 釐米

龜兹，庫木吐喇（？） 公元 6 – 7 世紀（？）

1931 年接收自人類學與人種學博物館；1905 – 1906 年 M·M·別列佐夫斯基考察隊

資産清册編號：КУ-504

菩薩雕像殘塊。頭戴冠，具頭光、上半部臉、祈禱姿勢的雙手。

首次公佈

164. 鳥翼

Wing of Bird

木頭；雕刻品

高 9 釐米（КУ- 437）、14 釐米（КУ-441）

龜茲，庫木吐喇（？） 公元 6 世紀

1931 年接收自人類學與人種學博物館；1905 – 1906 年 M・M・別列佐夫斯基考察隊

資產清册編號： КУ- 437、КУ-441

鳥翼的兩片殘塊。僅一側雕刻出羽毛。沿鳥翼的上邊緣雕刻出蛇的彎曲身體，翼以蛇的彎曲身體結束，蛇背上有鰭。

首次公佈

165. 建筑构件

Baluster

木頭；雕刻

高 9.5 釐米

龜兹，庫木吐喇（?） 公元 6 世紀

1931 年接收自人類學與人種學博物館；1905 – 1906 年 M・M・別列佐夫斯基考察隊（?）

資産清册編號：КУ-435

上下並無榫卯結構所需凸出或凹陷，且上頸細下頸粗，中間圓周不成比例，故應是花瓶或水瓶。

首次公佈

166. 龍頭

Head of Dragon

木頭，有顏料和貼金痕蹟；雕刻

3.5 釐米 ×5.5 釐米

龜茲，庫木吐喇（？） 公元 6 世紀

1931 年接收自人類學與人種學博物館；1905 – 1906 年 M・M・別列佐夫斯基考察隊（？）

資産清册編號：КУ-436

僅雕刻一面。嘴大張，雙眼鼓起，脊椎上有鰭。

首次公佈

167. 龍頭

Head of Dragon

木頭，有顏料和貼金的痕蹟；雕刻，彩繪

6.5 釐米 ×7 釐米

龜茲，庫木吐喇（？） 公元 6 世紀

1931 年接收自人類學與人種學博物館；1905 – 1906 年 M・M・別列佐夫斯基考察隊（？）

資産清册編號：КУ-439

首次公佈

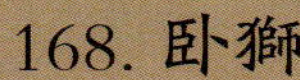

168. 臥獅

Lying Lion

木頭，有顏料痕蹟；雕刻，彩繪

6.2× 5 釐米

龜茲，庫木吐喇（？）公元 6 世紀

1931 年接收自人類學與人種學博物館；1905 – 1906 年 M・M・別列佐夫斯基考察隊（？）

資産清册編號：KY-440

圓雕像：獅首看向觀衆，鬃毛表現以突起的小菱形，頸部上的毛呈現人字形交錯花紋。

首次公佈

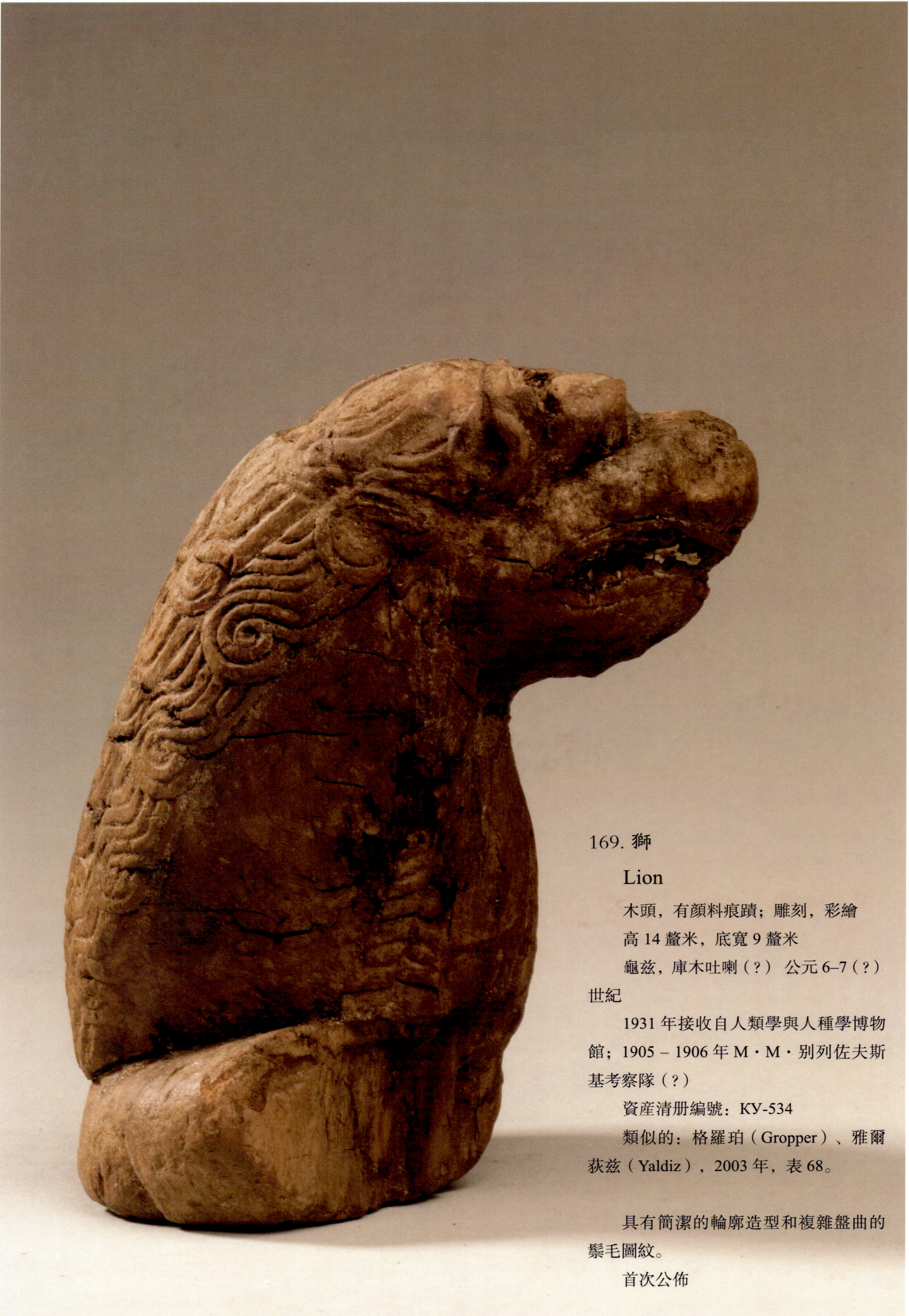

169. 獅

Lion

木頭，有顏料痕蹟；雕刻，彩繪

高 14 釐米，底寬 9 釐米

龜茲，庫木吐喇（？） 公元 6–7（？）世紀

1931 年接收自人類學與人種學博物館；1905 – 1906 年 M・M・別列佐夫斯基考察隊（？）

資產清冊編號：KY-534

類似的：格羅珀（Gropper）、雅爾荻茲（Yaldiz），2003 年，表 68。

具有簡潔的輪廓造型和複雜盤曲的鬃毛圖紋。

首次公佈

170. 象

Elephant

木頭，有顔料痕蹟；雕刻，彩繪

10 釐米 ×5.8 釐米

龜兹，庫木吐喇 公元 6 世紀

1931 年接收自人類學與人種學博物館；1905 – 1906 年 M·M·別列佐夫斯基考察隊（?）

資産清册編號：KY-475

公象造型，頂上有接榫，上下粗細一致，似爲護欄構件。

首次公佈

171. 象頭

Head of Elephant

木頭；雕刻

8 釐米 ×6 釐米 ×7 釐米

龜茲，庫木吐喇 公元 6 世紀

1931 年接收自人類學與人種學博物館；1905 – 1906 年 M・M・別列佐夫斯基考察隊（？）

資産清册編號：КУ-486

很模糊的形象。

首次公佈

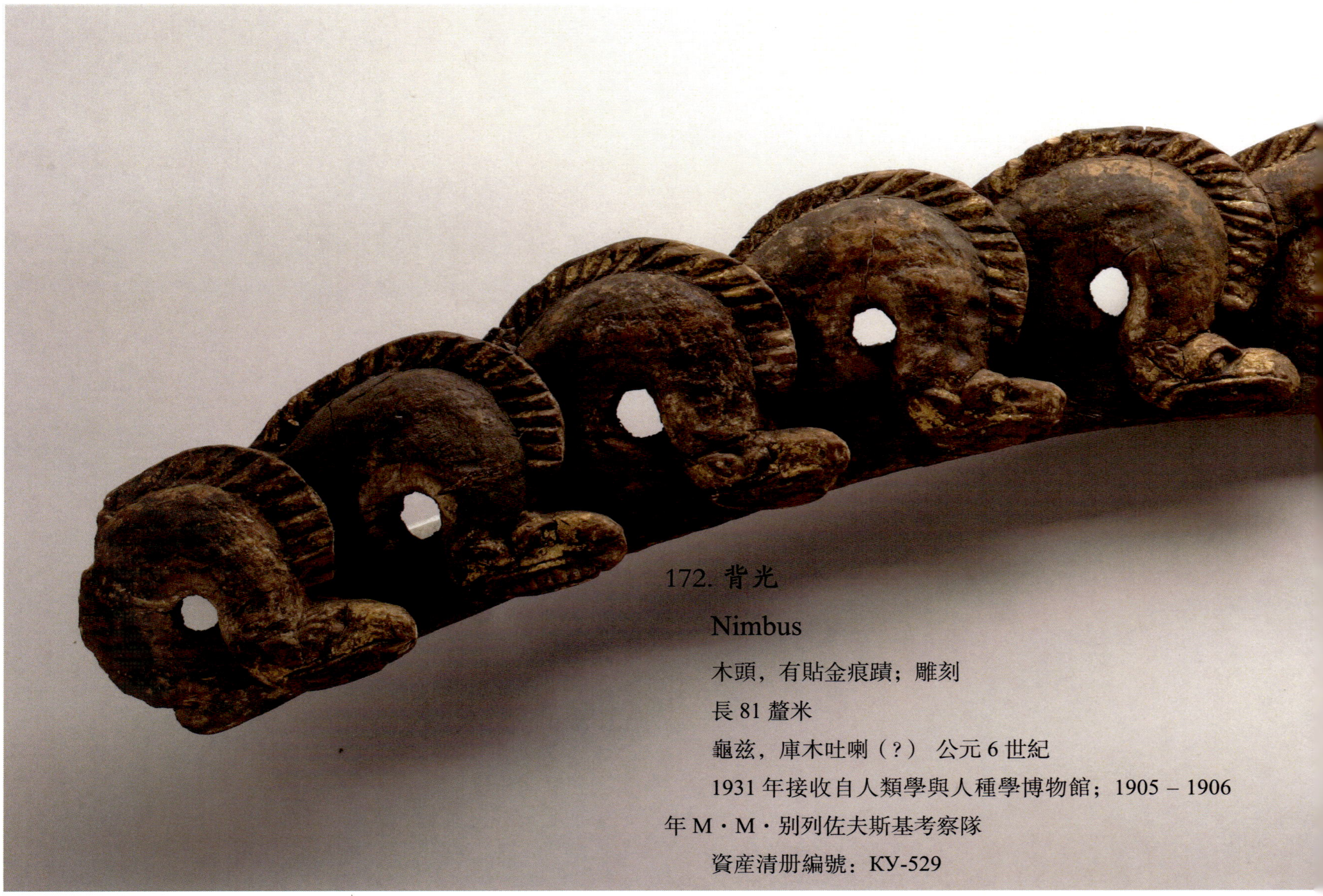

172. 背光

Nimbus

木頭，有貼金痕蹟；雕刻

長 81 釐米

龜茲，庫木吐喇（？） 公元 6 世紀

1931 年接收自人類學與人種學博物館；1905 – 1906 年 M・M・别列佐夫斯基考察隊

資産清册編號：КУ-529

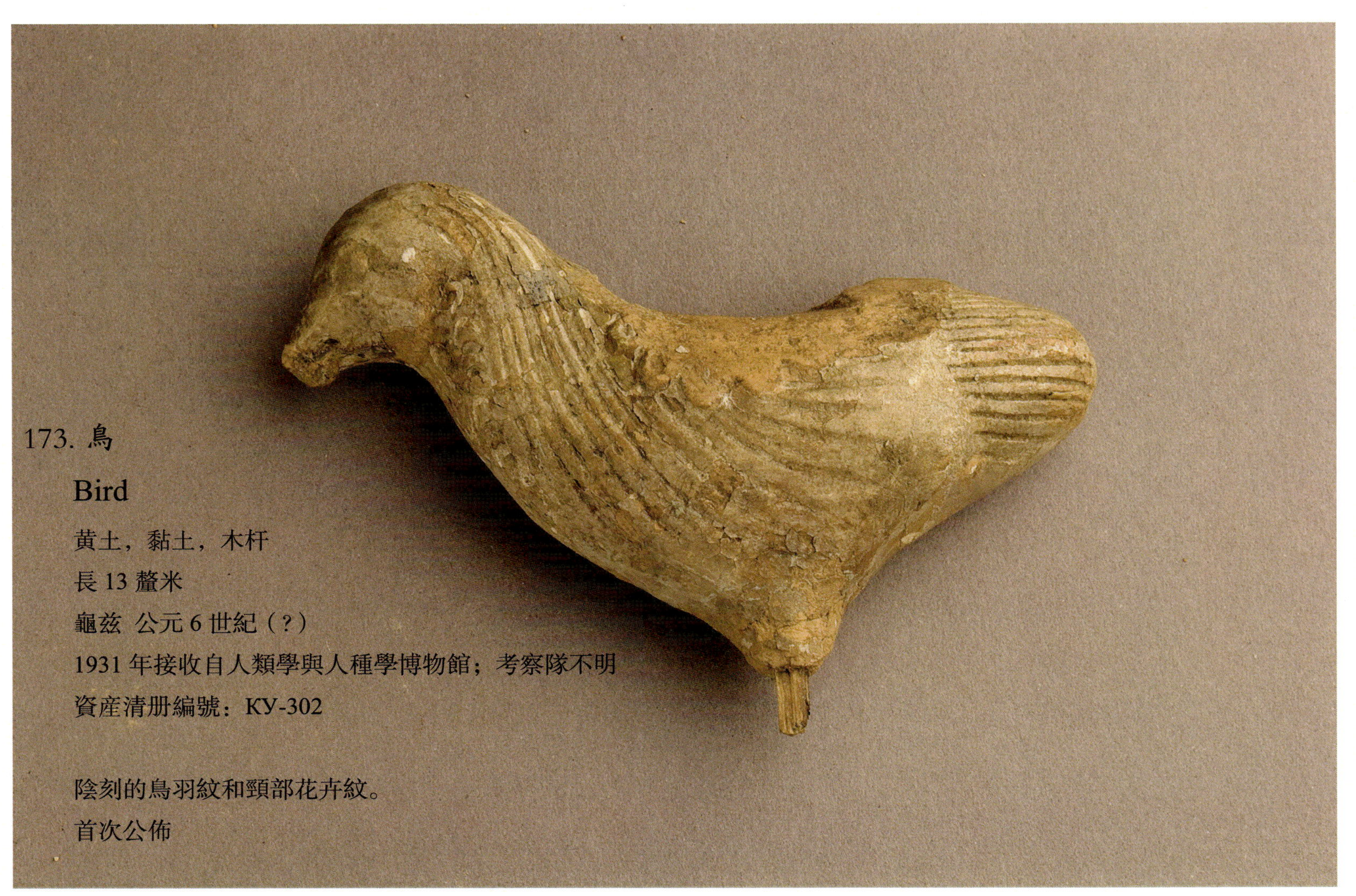

173. 鳥

Bird

黄土，黏土，木杆
長 13 釐米
龜兹 公元 6 世紀（？）
1931 年接收自人類學與人種學博物館；考察隊不明
資産清册編號：КУ-302

陰刻的鳥羽紋和頸部花卉紋。
首次公佈

同樣的頭光（或許是身光）構成了中央有釋迦牟尼佛的大幅構圖的一部分，龍蛇紋説明了這一點，它們在佛於菩提樹下沉思時保護他。正如在這件殘塊上所見，在中國内地和新疆的藝術中常塑造或描繪許多龍，儘管經文中説，是一條蛇穆奇林達（俄文名 Мучилинда，梵文名 Mucilinda，巴利文名 Mucalinda 目脂鄰陀）保護他。

參考文獻：《千佛洞》（Пещеры тысячи будд），圖録 95。

174. 鳥

Bird

木頭；雕刻彩繪

資産清册編號：KY-329

陰刻翅膀和尾羽。

首次公佈

175. 背光

Nimbus

木頭，有顏料和貼金痕蹟；雕刻，彩繪

長 18 釐米

龜兹綠洲，庫木吐喇（？） 公元 6–7（？）世紀

1931 年接收自人類學與人種學博物館；1905 – 1906 年 M・M・别列佐夫斯基考察隊

資產清册編號：KУ-443

雕刻背光殘塊：有三條扭動身體的龍蛇紋。

首次公佈

176. 背光

Nimbus

木頭，有貼金痕蹟；雕刻

長 17 釐米

龜兹，庫木吐喇（？）

公元 6 世紀

1931 年接收自人類學與人種學博物館；1905 – 1906 年 M・M・别列佐夫斯基考察隊

資產清册編號：KУ-530

雕刻背光殘塊：一條蛇的頭與第二條蛇的部分軀體，背上有鰭。

首次公佈

177. 背光

Nimbus

木頭，有貼金痕蹟；雕刻
長 17 釐米
龜兹，庫木吐喇（？） 公元 6 世紀
1931 年接收自人類學與人種學博物館；1905 – 1906 年 M・M・别列佐夫斯基考察隊
資産清册編號：КУ-506

雕刻背光殘塊。殘留橢圓形聯珠紋裝飾帶。
首次公佈

178. 背光

Nimbus

木頭，有顔料和貼金痕蹟；雕刻，彩繪
長 19 釐米
龜兹綠洲，庫木吐喇（？） 公元 6–7（？）世紀
1931 年接收自人類學與人種學博物館；1905 – 1906 年 M・M・别列佐夫斯基考察隊
資産清册編號：КУ-444

雕刻背光殘塊：上圈爲波浪紋，中圈爲橢圓形聯珠紋，下圈殘留兩條蛇。
首次公佈

179. 背光

Nimbus

木頭，有顏料和貼金痕蹟；雕刻，彩繪

長 9 釐米

龜茲，庫木吐喇（？） 公元 6–7（？）世紀

1931 年接收自人類學與人種學博物館；1905 – 1906 年 M・M・別列佐夫斯基考察隊

資産清册編號：КУ-473

雕刻背光殘塊：三條蛇。

首次公佈

180. 佛和背光

Nimbus with Sitting Buddha's Figures

木頭，有顏料和貼金痕蹟；雕刻，彩繪

24 釐米 × 13 釐米

龜茲，庫木吐喇（？） 公元 6–7（？）世紀

1931 年接收自人類學與人種學博物館；1905 – 1906 年 M · M · 別列佐夫斯基考察隊

資産清册編號：КУ-505 (與 КУ-522 綴合在一起)

背光殘塊，邊緣有雕刻的橢圓形聯珠紋，位於平條紋之間；有植物纏枝紋和殘存的坐佛像。

首次公佈

181. **佛和背光**

Nimbus with Sitting Buddha's Figures

木頭，有顏料和貼金痕蹟；雕刻，彩繪

長 47 釐米

龜茲，庫木吐喇（？） 公元 6–7（？）世紀

1931 年接收自人類學與人種學博物館；1905 – 1906 年 M · M · 別列佐夫斯基考察隊

資產清冊編號：KУ-508

背光殘塊：雕刻於兩條平條紋之間的 11 個橢圓形；有植物纏枝紋和殘存的佛像。

首次公佈

182. 背光 Nimbus

木頭，有貼金痕蹟；雕刻
長 34 釐米
龜兹，庫木吐喇（？） 公元 6 世紀
1931 年接收自人類學與人種學博物館；1905 – 1906 年 M・M・别列佐夫斯基考察隊
資産清册編號：KY-531

有三條蛇的雕刻背光殘塊。
首次公佈

183. 背光 Nimbus

木頭，有貼金痕蹟；雕刻
長 34 釐米
龜兹，庫木吐喇（？） 公元 6 世紀
1931 年接收自人類學與人種學博物館；1905 – 1906 年 M・M・别列佐夫斯基考察隊
資産清册編號：KY-532

有七條蛇的雕刻背光殘塊。
首次公佈

184. 背光 Nimbus

木頭，有貼金痕蹟；雕刻
長 39 釐米
龜兹，庫木吐喇（？） 公元 6 世紀
1931 年接收自人類學與人種學博物館；1905 – 1906 年 M・M・别列佐夫斯基考察隊
資産清册編號：КУ-533

有六條蛇的雕刻背光殘塊。
首次公佈

185. 花 Flower

木頭，有貼金痕蹟；雕刻
長 9.8 釐米
龜兹，庫木吐喇（？） 公元 6 世紀
1931 年接收自人類學與人種學博物館；1905 – 1906 年 M・M・别列佐夫斯基考察隊
資産清册編號：КУ-445

雕刻裝飾物殘塊：三片大花瓣，花心周圍是小珠子。
首次公佈

186. 象頭 Head of Elephant

木頭，顏料；雕刻，彩繪

7 釐米 × 8 釐米

龜兹，庫木吐喇（？） 公元 6–7 世紀初

1931 年接收自人類學與人種學博物館；1905 – 1906 年 M · M · 別列佐夫斯基考察隊

資産清册編號：КУ-539

象的頭部。

首次公佈

187. 象頭 Head of Elephant

木頭，顏料；雕刻，彩繪

9 釐米 × 6 釐米 ×6.2 釐米

龜兹，庫木吐喇（？） 公元 6–7 世紀初

1931 年接收自人類學與人種學博物館；1905 – 1906 年 M · M · 別列佐夫斯基考察隊

資産清册編號：КУ-541

象的頭部，有轡帶的紋飾。

首次公佈

188. 象 Elephant

木頭，顏料；雕刻，彩繪

13 釐米 × 12.5 釐米 ×10 釐米

龜兹，庫木吐喇（？） 公元 6–7 世紀初

1931 年接收自人類學與人種學博物館；1905 – 1906 年 M · M · 別列佐夫斯基考察隊

資産清册編號：КУ-538

存象的頭部、前足和前半身。

首次公佈

189. 衣紋 Drapery

木頭，有顏料痕蹟；雕刻，彩繪

長 13.5 釐米（КУ-447），長 28 釐米（КУ-543）

龜兹，庫木吐喇（?） 公元 6 世紀

1931 年接收自人類學與人種學博物館；1905 – 1906 年 M・M・别列佐夫斯基考察隊

資産清册編號：КУ-447、КУ-543

浮雕殘塊，“犍陀羅”類型的襞褶，弧形分布，精美清晰的陽紋雕刻。

首次公佈

190. 樹葉 Leaf

木頭，有顏料痕蹟；雕刻

長 19 釐米

龜兹，庫木吐喇（?） 公元 6 世紀

1931 年接收自人類學與人種學博物館；1905 – 1906 年 M・M・别列佐夫斯基考察隊

資産清册編號：КУ-448

雕刻裝飾物殘塊：模仿樹葉的紋理和結構雕刻。一爲長三角形樹，刻滿樹葉。

首次公佈

191. **樹葉**

Leaves

木頭；雕刻

龜兹，庫木吐喇（?） 公元 6 世紀

1931 年接收自人類學與人種學博物館；1905 – 1906 年 M · M · 別列佐夫斯基考察隊

資産清册編號：КУ-466（12.5 釐米）、КУ-467（13.5 釐米）、КУ-468（14 釐米）、КУ-469（13.5 釐米）

雕刻裝飾物殘塊：模仿披針狀樹葉的紋理和結構雕刻。

首次公佈

192. 樹冠（？）

Crown of Tree

木頭，有貼金痕蹟；雕刻

高 8.5 釐米

龜茲，庫木吐喇（？） 公元 6 世紀

1931 年接收自人類學與人種學博物館；1905 – 1906 年 M·M·別列佐夫斯基考察隊

資産清册編號：КУ-476

雕刻裝飾物殘塊：樹冠模仿品，表現以“小鱗片”。

首次公佈

193. 三角紋邊飾

Edge Decoration with Triangles

木頭；雕刻

7 釐米

龜茲，庫木吐喇（？） 公元 7 – 13（？）世紀

1931 年接收自人類學與人種學博物館；1905 – 1906 年 M·M·別列佐夫斯基考察隊

資産清册編號：КУ-494

物體殘塊，一側裝飾着鋸齒狀三角形。

首次公佈

194. 花

Flower

木頭，貼金；雕刻

12.5 釐米

龜兹，庫木吐喇 公元 6 – 7（？）世紀

1931 年接收自人類學與人種學博物館；1905 – 1906 年 M・M・別列佐夫斯基考察隊

資産清册編號：KY-513

由每層各 8 片的三層花瓣構成的花形裝飾。

首次公佈

195. 佛塔的頂部裝飾

Top Part of Stupa

木頭；雕刻

高 10.5 釐米

龜兹，庫木吐喇（？） 公元 6 世紀

1931 年接收自人類學與人種學博物館；1905 – 1906 年 M・M・別列佐夫斯基考察隊

資産清册編號：KY-426

窣堵婆或支提的頂，爲截斷的圓錐形，立在小金字塔形的底座上，表面雕刻出的平行溝紋。

首次公佈

陶器殘片 Fragments of Ceramics

196. 陶器碎片

Fragments of Ceramics

197.3
(原尺寸 Original Size)

197. 刻有四佛的佛塔上部

The Upper Part of the Stūpa with Four Figures of the Buddhas

頁岩，雕刻品

4.5 釐米 × 3 釐米

犍陀羅 公元 4 世紀

1930 年接收自人類學及人種學博物館；1905 – 1906 年 M · M · 別列佐夫斯基考察隊

197.2 (側面 side view)

資産清册編號：KY-641

頂部裝飾，有安插杆的孔。底部雕刻蓮花花瓣，稍上是三尊過去佛和彌勒佛像；它們之間以兩類樹枝形柱爲分界，在其上方是兩層相輪或傘蓋。製作材料、風格與類似物件的發現地證明，這類頂部裝飾是從犍陀羅進入中亞緑洲的，并非是獨一無二的。

參考文獻：《千佛洞》（Пещеры тысячи будд），圖録 85。

197.4（底部 Bottom View）

197 附：類似的例證：和闐的頂部裝飾（資産清冊編號：Га-2984）；科舍連科（Кошеленко），1977 年，第 71 頁。

198. 菩薩塑像模具

Moulds of Bodhisattva

石灰石

49.5 釐米 ×28 釐米

龜茲 公元 6 世紀（?）

1931 年接收自人類學與人種學博物館；1905 – 1906 年 M・M・別列佐夫斯基考察隊

資産清冊編號：КУ-630

製作菩薩胸像的模具。

參考文獻：佳科諾娃，1989 年，圖録 162；《千佛洞》（Пещеры тысячи будд），圖録 99。

模具 Moulds

M・M•别列佐夫斯基最有意義的發現之一是一整套製作黏土塑像的模具。其中，有大型軀幹，有頭，還有臉或塑像的單獨部件：雙耳、雙腿，以及武器裝備部件。首先，用木棍、蘆葦杆或麥秸束製成塑像的骨架，然後給骨架覆蓋一層混合有黃土和麥秸的黏土，在其表面塗抹一層乾淨細黄土。最後，借助模具擠壓出塑像或單獨的部件。接着，用在户外略微晾乾的潮濕泥漿最後加工完成表面，修整弄平或賦予臉需要的表情：悲痛、仁慈、安謐等。正是模具提供了大量製作塑像的可能性，同時也解釋了在相距遥遠的不同緑洲存在近似的、有時完全相同的塑像的原因。

199. 面部塑像模具

Mould of Concave Face

石灰石

27 釐米 × 22 釐米

龜茲 公元 6 世紀（？）

1931 年接收自人類學與人種學博物館；1905 – 1906 年 M · M · 別列佐夫斯基考察隊

資産清册編號：KY-631

哭泣的無髫鬚人面的模具。

參考文獻：佳科諾娃，1989 年，圖録 162。

199.2（翻模後的正像 Contemporary Casting from the Gypsum）

200. 武士塑像模具

Mould of Warrior

石灰石

49.5 釐米 ×28 釐米

龜兹 公元 6 世紀（？）

1931 年接收自人類學與人種學博物館；1905 – 1906 年 M · M · 别列佐夫斯基考察隊

資産清册編號：KY-632

製作武士的模具，是軀幹和頭部正面部分。頭上有尖頂的盔，身體上緊裹着鎧甲，有臺階狀領。

參考文獻：佳科諾娃，1989 年，日本放送協會，圖録 161；《千佛洞》（Пещеры тысячи будд），圖録 98。

201. 面部塑像模具

Mould of Face

石灰石 尺寸：32.5 釐米 × 24 釐米

龜茲 公元 6 世紀（?）

1931 年接收自人類學與人種學博物館；1905 – 1906 年 M・M・別列佐夫斯基考察隊

資產清册編號：КУ-633

佛像面部模具，比較粗糙，不能確定是因毛坯製作還是自然消融所致。

首次公佈

202. 腿部塑像模具

Mould of Leg

石灰石

33 釐米 × 23 釐米

龜茲 公元 6 世紀（?）

1931 年接收自人類學與人種學博物館；1905 – 1906 年 M・M・別列佐夫斯基考察隊

資產清册編號：КУ-634

製作武士股、脛和脚的模具。

首次公佈

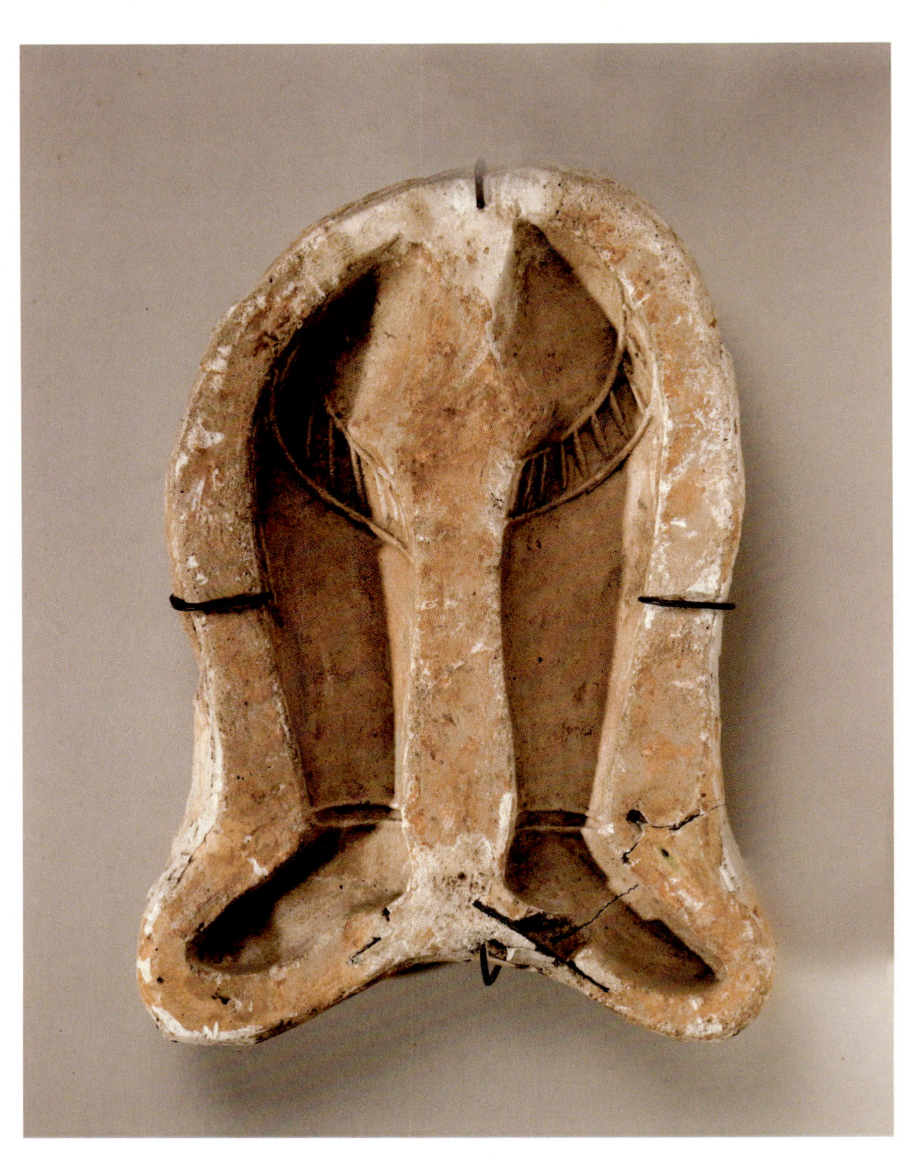

203. 耳朵塑像模具

Mould of Ears

石灰石

22 釐米 ×18 釐米

龜茲 公元 6 世紀（?）

1931 年接收自人類學與人種學博物館；1905 – 1906 年 M・M・別列佐夫斯基考察隊

資産清册編號：КУ-626

製作耳朵的模具，共 4 個模腔 2 對耳朵。

首次公佈

204. 手脚塑像模具

Mould of Hand and Foot

石灰石

36 釐米 × 31 釐米

龜茲 公元 6 世紀（?）

1931 年接收自人類學與人種學博物館；1905 – 1906 年 M・M・別列佐夫斯基考察隊

資産清册編號：КУ-627

製作脚掌的模具，殘存 3 雙不同大小手脚的模腔。

首次公佈

205. 衣紋塑像模具

Mould of Drapery

石灰石

23 釐米 × 15.5 釐米

龜茲 公元 6 世紀（?）

1931 年接收自人類學與人種學博物館；1905 – 1906 年 M · M · 别列佐夫斯基考察隊

資産清册編號：КУ-628

製作菩薩衣紋的模具。

首次公佈

206. 衣紋塑像模具

Mould of Drapery

石灰石

38 釐米 × 20 釐米

龜兹 公元 6 世紀（?）

1931 年接收自人類學與人種學博物館；1905 – 1906 年 M・M・别列佐夫斯基考察隊

資産清册編號：КУ-628

製作菩薩衣紋的模具。

首次公佈

207. 衣紋塑像模具

Mould of Drapery

石灰石

32 釐米 × 34 釐米

龜茲 公元 6 世紀（?）

1931 年接收自人類學與人種學博物館；1905 – 1906 年 M・M・別列佐夫斯基考察隊

資産清册編號：КУ-629

製作衣紋的模具。

首次公佈

208. 胸腹塑像模具

Mould of Chest

石灰石

24.5 釐米 × 14 釐米和 24.5 釐米 × 18 釐米

龜兹 公元 6 世紀（?）

1931 年接收自人類學與人種學博物館；1905 – 1906 年 M · M · 别列佐夫斯基考察隊

資産清册編號：KУ-799

製作佛或菩薩軀幹衣紋的模具，有細密的半圓懸垂襞褶。

首次公佈

209. 馬頭

Head of Horse

黄土，黏土

高 18 釐米

龜兹 公元 6 世紀（?）

1931 年接收自人類學與人種學博物館；考察隊不明

資産清册編號：КУ-316

馬的頭部和頸部，損毁嚴重。殘存有捆紮的麥秸骨架。

首次公佈

210. 花形飾物

Flower-shaped Decoration

黄土，黏土，有顔料痕蹟；彩繪

13.5 釐米 × 12 釐米

龜兹 公元 6 世紀（?）

1931 年接收自人類學與人種學博物館；1905 – 1906 年 M · M · 别列佐夫斯基考察隊

資産清册編號：КУ-542

三角形裝飾物，中央似乎是十字花科植物的花蕾，外緣以小方塊敷彩勾勒成葉子形狀。葉子外面是波浪紋圖案。

首次公佈

211. 邊飾

Edge Decoration

黄土，黏土，顏料；彩繪

長 31.5 釐米

龜茲 公元 6 世紀（?）

1931 年接收自人類學與人種學博物館；1909—1910 年 С・Ф・奥登堡的俄羅斯第一次新疆考察隊

資産清册編號：КУ-1

雕塑裝飾物，由被中央有小圓的斜條紋分隔開的大葉構成，上面是平條紋。

首次公佈

212. 邊飾

Edge Decoration

黄土，黏土，顏料；彩繪

長 21 釐米

龜茲 公元 6 世紀（?）

1931 年接收自人類學與人種學博物館；1909—1910 年 С・Ф・奥登堡的俄羅斯第一次新疆考察隊

資産清册編號：КУ-2

雕塑裝飾物，由三道之字形條紋構成；沿邊緣是突起的平緣飾。

首次公佈

213. **柱頂中楣**

Architraves on Top of Pillar

黄土，黏土；彩繪

長 18.3 釐米

龜兹 公元 6 世紀（？）

1931 年接收自人類學與人種學博物館；1909—1910 年 C・Φ・奥登堡的俄羅斯第一次新疆考察隊

資産清册編號：КУ-3

類似的：勒柯克，1925 年，圖 251。

由三個正方形構成的中楣，每個正方形的中央均有四瓣的花。在兩個正方形的上方保存有花欄杆柱的底座。

首次公佈

214. 火焰寶珠

Pearl in a Flame

黄土，黏土，顔料；彩繪

高 8.5 釐米

龜兹 公元 6 世紀（？）

1931 年接收自人類學與人種學博物館；1909—1910 年 C・Φ・奥登堡的俄羅斯第一次新疆考察隊

資産清册編號：КУ-19

中央是三顆大圓珍珠，周圍是小珍珠。在其上方三簇火焰紋。

首次公佈

215. 火焰寶珠

Pearl in a Flame

黄土，黏土顔料；彩繪

高 10 釐米

龜兹 公元 6 世紀（？）

1931 年接收自人類學與人種學博物館；1909—1910 年 C・Φ・奥登堡的俄羅斯第一次新疆考察隊

資産清册編號：КУ-22

中央是寶珠，向上非同心圓從内向外依次是螺旋環繞的、方塊環繞的和卷草紋環繞的火焰紋。

首次公佈

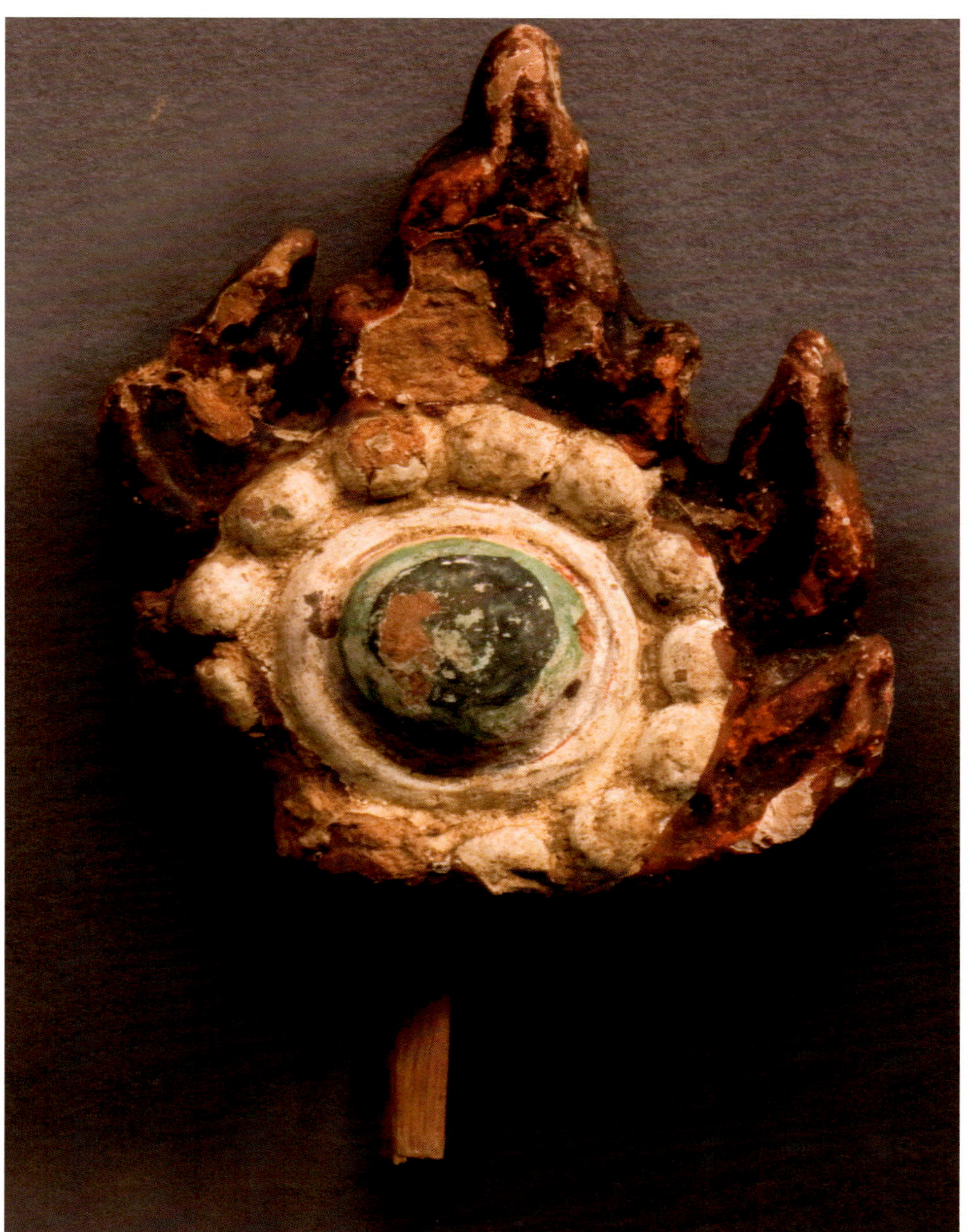

216. **火焰寶珠**

Pearl in a Flame

黄土，黏土顏料；彩繪

高 10 釐米

龜兹 公元 6 世紀（？）

1931 年接收自人類學與人種學博物館；1909—1910 年 C・Φ・奥登堡的俄羅斯第一次新疆考察隊

中央是緑色寶珠，外圈爲聯珠紋，周邊火焰環繞。

首次公佈

217. **花葉飾物**

Flower and Leaf Decoration

黄土，黏土，顏料；彩繪

長 25.5 釐米

龜兹 公元 6 世紀（？）

1931 年接收自人類學與人種學博物館；1909—1910 年 C・Φ・奥登堡的俄羅斯第一次新疆考察隊

資産清册編號：КУ-23

收攏成折扇形的葉狀裝飾物。

首次公佈

218. 卷葉形飾物

Scroll Decoration

黃土，黏土，有顏料痕蹟；彩繪

9.5 釐米

龜兹 公元 6 世紀（？）

1931 年接收自人類學與人種學博物館；1909—1910 年 C·Φ·奧登堡的俄羅斯第一次新疆考察隊

資産清册編號：КУ-41 (與 КУ-22、КУ-48 在一起)

三片卷起來的葉形裝飾物。

首次公佈

219. 塑像頭髮

Hair of Figure

黃土，黏土，有顏料痕蹟；彩繪

11.5 釐米

龜兹 公元 6 世紀（？）

1931 年接收自人類學與人種學博物館；1909—1910 年 C·Φ·奧登堡的俄羅斯第一次新疆考察隊

資産清册編號：КУ-48

頭髮表現以波狀髮綹。

首次公佈

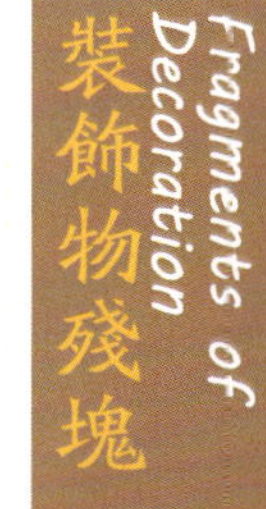

220. **佛像螺髻**

Uṣṇīṣa of the Buddha

黄土，黏土，顔料；彩繪

長 8.5 釐米

龜兹 公元 6 世紀（?）

1931 年接收自人類學與人種學博物館；1909—1910 年 C・Ф・奥登堡的俄羅斯第一次新疆考察隊

資産清册編號：КУ-26

螺髻，以小圓球裝飾來表現。

首次公佈

221. **佛像頭髮**

Hair of the Buddha

黄土，黏土，有顔料痕蹟；彩繪

10.5 釐米

龜兹 公元 6 世紀（?）

1931 年接收自人類學與人種學博物館；1909—1910 年 C・Ф・奥登堡的俄羅斯第一次新疆考察隊

資産清册編號：КУ-40

殘存的波狀髮綹。

首次公佈

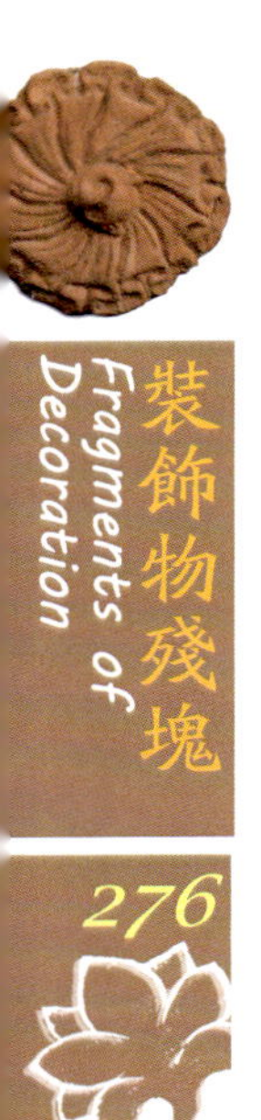

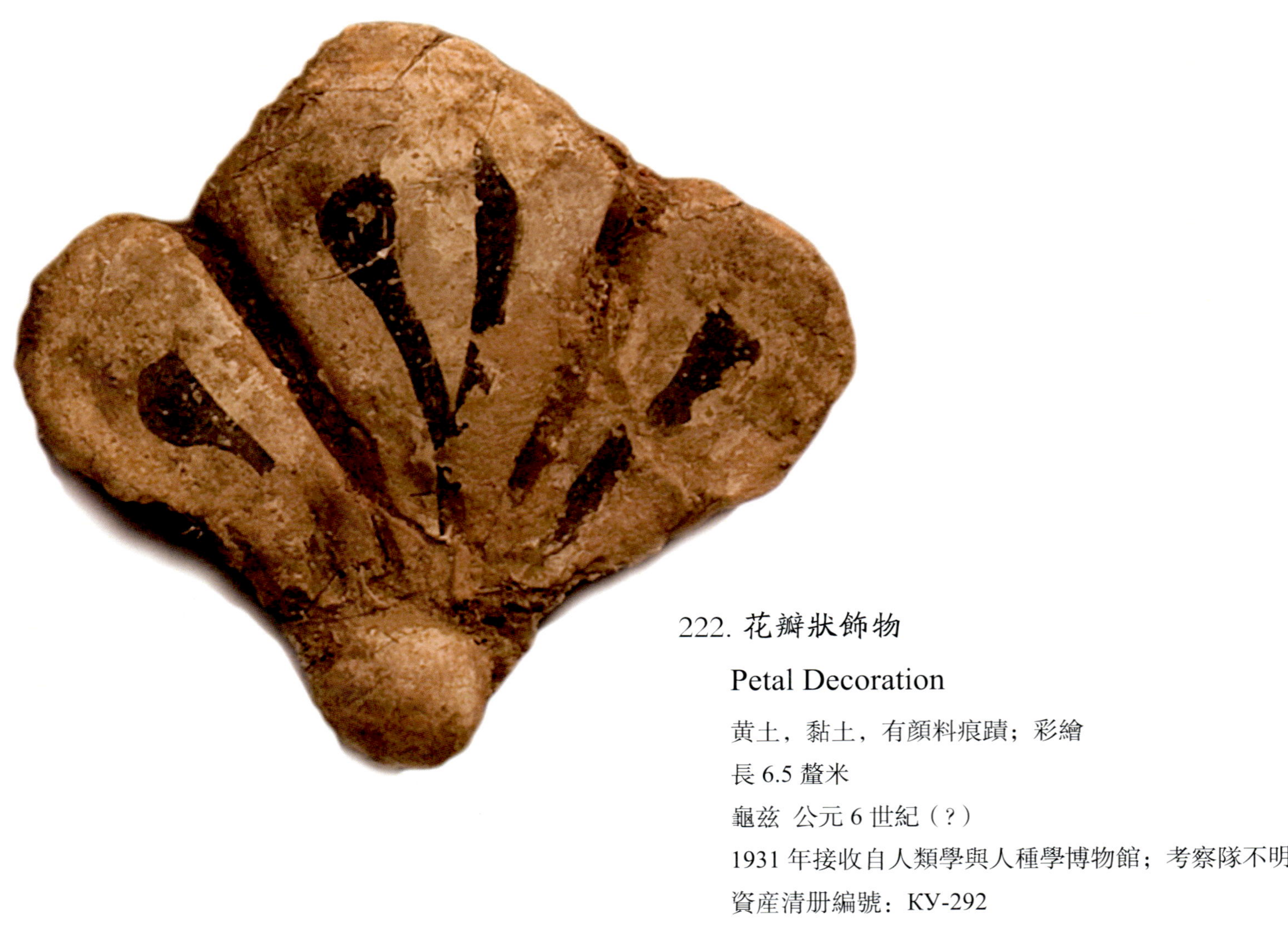

222. 花瓣狀飾物

Petal Decoration

黄土，黏土，有顏料痕蹟；彩繪
長 6.5 釐米
龜兹 公元 6 世紀（？）
1931 年接收自人類學與人種學博物館；考察隊不明
資産清册編號：КУ-292

有三片花瓣的裝飾物。

223. 帔帛

Scarves

黄土，黏土
長 10 釐米
龜兹 公元 6 世紀（？）
1931 年接收自人類學與人種學博物館；考察隊不明，無考察編號
資産清册編號：КУ-819

陰刻的帔帛紋飾。
首次公佈

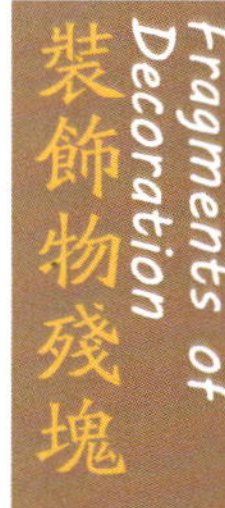

224. 寶珠飾物

Jewellry Decoration

黃土，黏土，木杆，顏料；彩繪

長 11 釐米

龜茲 公元 6 世紀（？）

1931 年接收自人類學與人種學博物館；考察隊不明

資產清冊編號：KY-295

中央一顆大圓珍珠，周圍是小珍珠聯珠紋。在其外圈是卷曲的火焰紋。

首次公佈

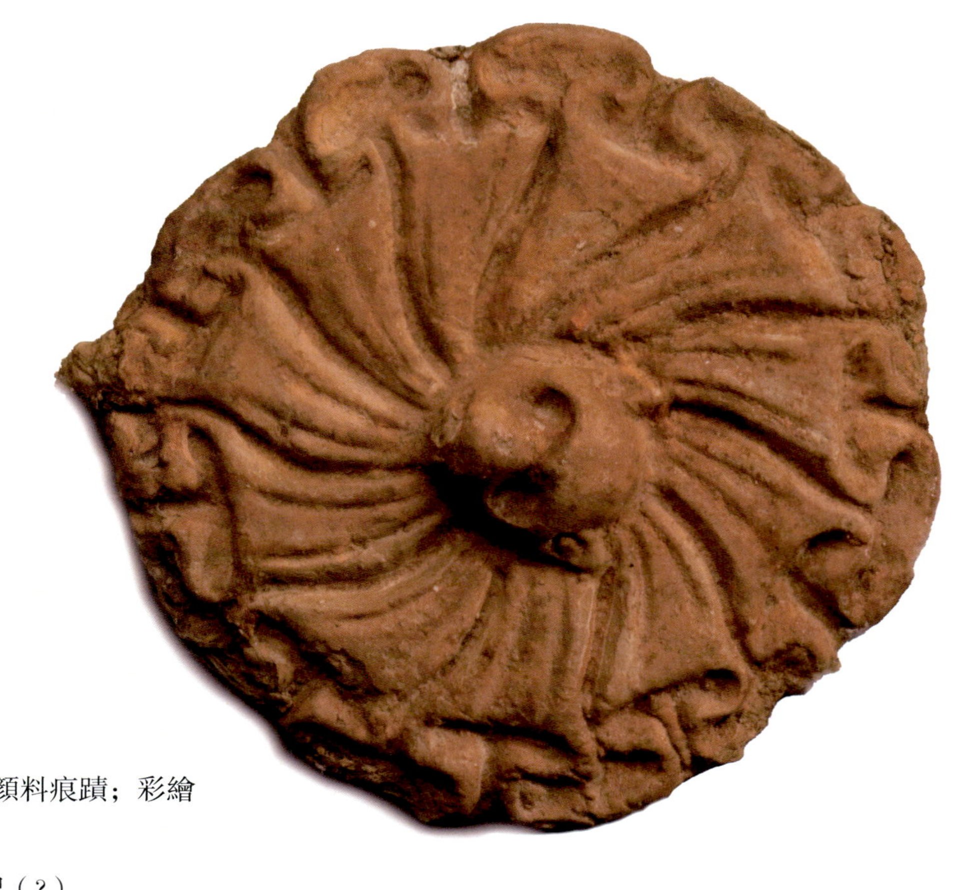

225. 花結

Flower Knot

黄土，黏土，有顏料痕蹟；彩繪
長 8 釐米
龜兹 公元 6 世紀（？）
1931 年接收自人類學與人種學博物館；考察隊不明
資産清册編號：KY-294

布帛結紮而成的花結，布帛折紋呈放射形旋轉排列，做工構思精巧。應是菩薩身上飾物。
首次公佈

226. 貝殻狀飾物

Shell-shaped Decoration

黄土，黏土，有顏料痕蹟；彩繪
長 5.5 釐米
龜兹 公元 6 世紀（？）
1931 年接收自人類學與人種學博物館；考察隊不明
資産清册編號：KY-291

塑像的花結，呈貝殻形狀
首次公佈

227. 貼金飾塊

Gild Decoration

黃土，黏土；貼金

長 10 釐米

龜茲 公元 6 世紀（？）

1931 年接收自人類學與人種學博物館；1909—1910 年 C・Ф・奧登堡的俄羅斯第一次新疆考察隊

資産清册編號：КУ-61

貼金飾塊。

首次公佈

228. 衣紋

Draping

黃土，黏土，有顏料痕蹟；彩繪

長 8 釐米

龜茲 公元 6 世紀（？）

1931 年接收自人類學與人種學博物館；1909—1910 年 C・Ф・奧登堡的俄羅斯第一次新疆考察隊

資産清册編號：КУ-65

陰刻減地平行曲綫組成的衣紋殘件。

首次公佈

229. 葉狀飾物

Leaf Decoration

黃土，黏土，有顏料痕蹟；彩繪

長 18 釐米

龜茲 公元 6 世紀（？）

1931 年接收自人類學與人種學博物館；1909—1910 年 C・Ф・奧登堡的俄羅斯第一次新疆考察隊（？）

資産清册編號：КУ-820

葉上雕刻出弧形紋理。也許這是塑像的裝飾物或建築部件。

首次公佈

КУ- 30

230. 擦擦七件

Seven Tsatsas

黏土；模壓

龜兹 公元 6 世紀（？）

1931 年接收自人類學與人種學博物館；1909—1910 年 С・Ф・奥登堡的俄羅斯第一次新疆考察隊（？）

資産清册編號：КУ- 30（9.7 釐米 × 6 釐米）

資産清册編號：КУ-53（6.2 釐米 × 5.8 釐米）

資産清册編號：КУ-55（7 釐米 × 5.5 釐米）

資産清册編號：КУ-56（7 釐米 × 4 釐米）

資産清册編號：КУ-62（7 釐米 × 5.5 釐米）

資産清册編號：КУ-63（6.2 釐米 × 5 釐米）

資産清册編號：КУ-64（5 釐米 × 4 釐米）

（注：因這類編號文物很多，所以衹放了一張照片，共用一個圖録序號）

佛像擦擦

КУ-30 佛塔

КУ-56 殘存下半身的坐佛

КУ-53 殘存胸腹腿部的坐佛

КУ-55、62、63、化佛、千佛或七世佛

КУ-64 殘存胸腹以下的坐佛

首次公佈

КУ-55

KY-56

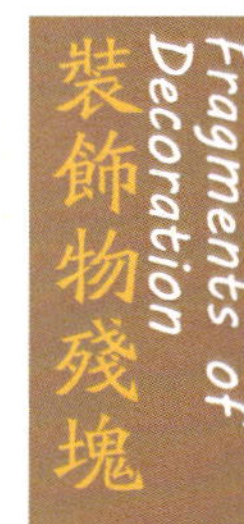

KY-62

КУ-63

КУ-64

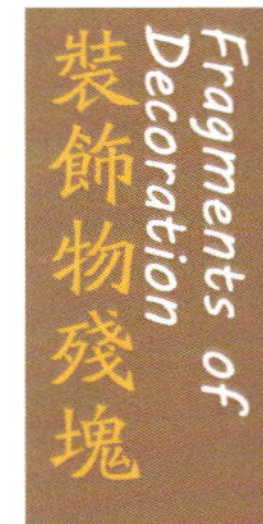

231. **佛塔六件**

Six Stupas

黏土，黄土，植物纖維；模壓

龜兹 公元6世紀（?）

1931年接收自人類學與人種學博物館；1909—1910年С·Ф·奥登堡的俄羅斯第一次新疆考察隊（?）

資産清冊編號：КУ-200（直徑7.5釐米，高6釐米）

資産清冊編號：КУ-201（直徑6.5釐米，高6釐米）

資産清冊編號：КУ-202（直徑6釐米，高5.5釐米）

資産清冊編號：КУ-203（直徑6釐米，高5.5釐米）

資産清冊編號：КУ-204（直徑5釐米，高6釐米）

資産清冊編號：КУ-205（直徑6.5釐米，高5釐米）

（注：共用一個圖録序號）

模印佛塔，俗稱“擦擦”。

首次公佈

232. 串珠

A String of Beads

玻璃，半寶石，膏劑，貝殼

龜茲 公元 6-13 世紀（?）

1931 年接收自人類學與人種學博物館；1909—1910 年 C・Φ・奥登堡的俄羅斯第一次新疆考察隊（?）

資産清册編號：КУ-337-341

首次公佈

1931 年接收自人類學與人種學博物館；1905 – 1906 年 M・M・別列佐夫斯基考察隊，購買。
圖版分别爲原有尺寸和放大尺寸兩種。

233. 駱駝鈕印章

Seal with Camel Button

青銅；鑄造

2.2 釐米 ×2.2 釐米，高 3.5 釐米

龜兹 年代未定

1931 年接收自人類學與人種學博物館；1905 – 1906 年 M・M・别列佐夫斯基考察隊

資産清册編號：KУ-409

厚重的方形鑄造印章。印面爲漢魏風格的陰文文字“常宜之印”。橐駝印鈕。

首次公佈

234. 印章

Seal

石頭；雕刻

2.5 釐米 × 2.5 釐米

龜兹 公元 6 世紀（？）

1931 年接收自人類學與人種學博物館；1905 – 1906 年 M・M・别列佐夫斯基考察隊

資産清册編號：KУ-649

方形印章。漢魏風格的陰文印面：“常之印”。

首次公佈

235. 印章

Seal

青銅（？）；鑄造

1 釐米 ×1 釐米

龜兹 年代未定

1931 年接收自人類學與人種學博物館；1905 – 1906 年 M・M・別列佐夫斯基考察隊

資産清册編號：KУ-651

陰文印章，似“急就章”鎸刻文字，暫未能辨識。背面有小鈕環。

首次公佈

236. 印章

Seal

石頭（？）；雕刻

2 釐米 × 2 釐米

龜兹 年代未定

1931 年接收自人類學與人種學博物館；1905 – 1906 年 M・M・別列佐夫斯基考察隊

資産清册編號：KУ-652

底面上雕刻出縱向和横向的條紋。

首次公佈

237. 印章

Seal

玉；雕刻

2.5 釐米 × 2.5 釐米

龜兹 公元 6 世紀（？）

1931 年接收自人類學與人種學博物館；1905 – 1906 年 M・M・別列佐夫斯基考察隊

資産清册編號：KУ-636

玉印章，方框中爲陰刻“王”字，或爲“国”字。

首次公佈

238. 阿拉伯文印章

Seal with Arabic Inscription

玉；雕刻

2.1 釐米

龜兹 公元 12 世紀

1931 年接收自人類學與人種學博物館；1905 – 1906 年 M・M・别列佐夫斯基考察隊

資產清册編號：КУ-650

正面是阿拉伯文字體銘文：“Fatima（第二個詞不明白）”。背面似乎是誰的名字和詞 “rab”（abd）。A・A・伊萬諾娃（Иванова）的解讀。

首次公佈

239. 虎形押印

Seal of Tiger Shape

青銅；鑄造

直徑 2.8 釐米

龜兹 年代未定

1931 年接收自人類學與人種學博物館；1905 – 1906 年 M・M・别列佐夫斯基考察隊

資產清册編號：КУ-412

八角星形紋章。正面圓圈中是獸紋；沿八角邊緣是聯珠紋。背面有小鈕環。

首次公佈

240. 人形押印

Seal of Human Shape

青銅；鑄造

5.2 釐米

龜兹 年代未定

1931 年接收自人類學與人種學博物館；1905 – 1906 年 M・M・别列佐夫斯基考察隊

資產清册編號：КУ-414

橢圓形平印；橢圓形中是立人形象。似乎具頭光（或是有飄擺的帔帛？），一隻手中持矛或權杖，另一隻手中執某種橢圓形物。沿邊緣是聯珠紋。背面有小鈕環。

241. 人形押印

Seal of Human Shape

青銅；鑄造

直徑 2 釐米

龜兹 年代未定

1931 年接收自人類學與人種學博物館；1905 – 1906 年 M・M・別列佐夫斯基考察隊

資産清册編號：КУ-417

陽紋印面，是兩個舞蹈者的形象，相互背對。聯珠紋邊飾。背面有小鈕環。

首次公佈

242. 人形押印

Seal of Human Shape

青銅；鑄造

長 2.5 釐米

龜兹 年代未定

1931 年接收自人類學與人種學博物館；1905 – 1906 年 M・M・別列佐夫斯基考察隊

資産清册編號：КУ-418

陰刻印面，是一個舞蹈者的形象，雙臂抬起並張開，雙腿膝蓋略彎曲。長圓點邊飾。

首次公佈

243. 人形押印

Seal of Human Shape

青銅；鑄造

長 1.7 釐米

龜兹 年代未定

1931 年接收自人類學與人種學博物館；1905 – 1906 年 M・M・別列佐夫斯基考察隊

資産清册編號：КУ-419

陰刻印面，是一個人物坐像，雙腿膝蓋彎曲。右手持某物，也許是長頸大瓶；左手靠在臀部上。肩後或許是錘形杖？頭戴某種冠。

首次公佈

244. 獅形押印

Seal of Lion Shape

青銅；鑄造

2.8 釐米 × 2.3 釐米

龜兹 年代未定

1931 年接收自人類學與人種學博物館；1905 – 1906 年 M・M・别列佐夫斯基考察隊

資産清册編號：KY-422

陰刻長方印面，大概是獅紋，右前爪抬起，尾巴有三條流蘇。循邊緣爲陰刻綫框。背面有繫孔。

首次公佈

245. 狼形押印

Seal of Wolf Shape

瑪瑙；雕刻

1.4 釐米

龜兹 公元 6-7 世紀初

1931 年接收自人類學與人種學博物館；1905-1906 年 M・M・别列佐夫斯基考察隊

資産清册編號：KY- 792

類似的：公元 608 年李静訓墓葬中的項鏈鈕鈎，西安。（感謝朱迪特・勒納 Judit Lerner 指出其公佈：丹尼斯・P・萊迪 Denise P. Leidy 和・斯特拉海姆 D. Straham，《智慧的體現 *Wisdom Embodied*》，紐約，2010 年，圖 64。）

陰刻。兩層瑪瑙：正面爲淺色，背面黑色。凹雕的帶崽的母狼形象。薩珊時期（A・Б・尼基金 Никитин 的斷定）。

首次公佈

246. 人形押印

Seal of Human Shape

光玉髓；雕刻

1.3 釐米

龜兹 公元 6 世紀（？）

1931 年接收自人類學與人種學博物館；1905-1906 年 M・M・别列佐夫斯基考察隊

資産清册編號：KY- 793

陰刻頭像，戴有羽毛的盔。未發現類似的。也許是模仿白匈奴統治時期雕刻的羅馬人形象。

首次公佈

247. 人形押印

Seal of Human Shape

光玉髓；雕刻

1.3 釐米

龜兹 公元 6 – 7 世紀初

1931 年接收自人類學與人種學博物館；1905-1906 年 M・M・別列佐夫斯基考察隊

資産清册編號：КУ- 794

陰刻側臉，戴盔(？)；頸上是有三個小圓形的領子。А・Б・尼基金(Никитин)認爲，藝術品雕刻於白匈奴國内。

首次公佈

錢幣 Coins

共收藏 86 枚龜兹錢幣。本圖録中引用了一些錢幣作爲示例，並完全根據 Н・依沃奇金娜（Ивочкина）的文章《С・Ф・奥登堡第一次新疆探險考察獲得的錢幣》（*Монеты первой Восточно-Туркестанской экспедиции С. Ф. Ольденбурга*）進行描述（依沃奇金娜，1975 年）。

1931 年接收自人類學與人種學博物館；1905-1906 年 М・М・别列佐夫斯基考察隊購買和撿拾的。

圖版分别爲原有尺寸和放大尺寸兩種。

248. 五銖錢

Wu-zhu Coin

銅幣

直徑 17 毫米，重 1.12 克

資産清册編號：КУ-715

大孔。無銘文，無廓。背面光。

249. 五銖錢

Wu-zhu Coin

銅幣

直徑 25 毫米，重 3.52 克

資産清册編號：КУ-722

正面鑄字“五銖”。標識符號清晰可辨，内外有廓。背面光，周圍有凸起的廓。

250. 五銖錢

Wu-zhu Coin

銅幣

直徑 21 毫米，重 2.48 克

資産清册編號：КУ-723

類似於圖録 249。

251. 大泉五十

Da Quan Wu Shi Coin

銅幣

未著録

正面鑄字“大泉五十”。有内外廓。參考《吐魯番博物館藏歷代錢幣圖録》013：大泉五十 直徑 27mm，重 7.05g. 質地：銅。年代：新莽建國二年（10）鑄。

252. 開元通寶

Kai Yuan Tong Bao Coin

唐朝開元時期 (713 – 741)

銅幣，開元通寶

直徑 25 毫米，重 3.92 克

資産清册編號：КУ-720

正面鑄字“開元通寶”。背面光，有内外廓。

253. 開元通寶

Kai Yuan Tong Bao Coin

唐朝開元時期 (713 – 741)

銅幣，開元通寶

未著録

正面鑄字“開元通寶”。背面光，有内外廓。

254. 乾元重寶

Qian Yuan Zhong Bao Coin

唐朝乾元時期 (758 – 759)，758 年鑄造

銅幣

直徑 29 毫米，重 7.26 克

資産清册編號：KY-724

正面鑄字“乾元重寶”。背面光，有内外廓。

255. 大曆元寶

Da Li Yuan Bao Coin

唐朝大曆時期 (766 – 779)

銅幣

直徑 24 毫米，重 3.93 克

資産清册編號：KY- 762

類似於圖録 254。有内外廓。

256. 塔夫加治銅幣

Tafgadž Copper Coin

依列克（Илеки），11 世紀，塔夫加治（Тафгадж）Tafgadž

銅幣

直徑 27 毫米，重 3.60 克

КУ-713

紅銅幣。正面是"塔夫加治"（統治者合罕的名字），城名和年號磨損。鑄字認不清，雙印記。邊緣有缺口。

257. 薩珊錢幣

Sasanian Coin

薩珊王朝，霍斯勞一世（Хосров 1，531-579）統治 29 年（公元 559 年）

德拉克馬

銀幣

直徑 27 毫米，重 2.99 克

資産清册編號：КУ-706

正面是國王的頭向右，背面是祭壇旁的兩個人。

258. 忽必烈銀幣

Silver Coin of Kublai Khan

無年號。約可比定爲 1263–1264 年間貨幣。

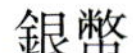

銀幣

直徑 20 毫米，重 3.30 克

資産清册編號：KY- 709

259. 察合臺銀幣

Chagatai Khanate Silver Coin

察合臺（13-14 世紀）

布哈拉

銀幣

直徑 31 毫米，重 7.54 克

資産清册編號：KY-710

怯別第二王朝時期（回曆 718 – 726 年，公元1316 – 1326年）。發行年不明，察合臺標記。

260 察合臺銀幣

Chagatai Khanate Silver Coin

察合臺（13–14 世紀）

銀幣

鐵爾梅兹城

直徑 30 毫米，重 7.54 克

資産清册編號：KY-711

答爾麻失里或貞克失，年號磨損。

261. 熱西丁銅幣 Rashaddin Khan Coin

熱西丁，漢錢類型（1864 – 1867 年）

庫車

銅幣

直徑 25 毫米，重 3.81 克

資産清册編號：KY-751

正面：回鶻文鑄字：2，賽依德哈孜熱西丁汗，即“價值 2 個單位的熱西丁錢”。背面：京城庫車製造。

262. 熱西丁銅幣

Rashaddin Khan Coin

熱西丁銅幣（1864-1867 年）

莎車

銅幣

直徑 17 毫米，重 7.77 克

資産清册編號：KY-730

阿拉伯文鑄字，無名字，無年號。

探險資料

H・M・别列佐夫斯基

The Materials of the Expedition

by H.M.Berezovsky

1. **吐火羅供養人** 以輪廓綫勾畫出兩身女性和一身男性圖
標注："克孜爾尕哈" 108cm × 86.5cm
資産清册編號：3KV-307

2. **六身人物輪廓** 上面是圖案裝飾
標注："克孜爾尕哈" 109cm × 80cm
資産清册編號：3KV-308

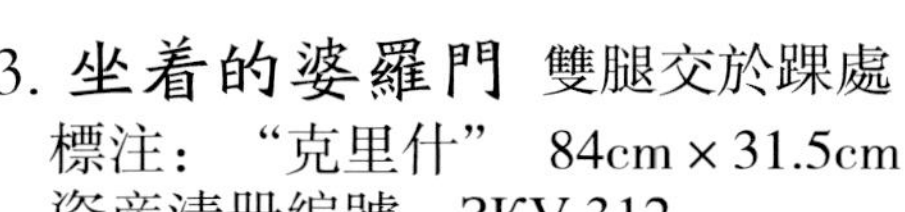

3. **坐着的婆羅門** 雙腿交於踝處
標注："克里什" 84cm × 31.5cm
資産清册編號：3KV-312

4. **坐着的婆羅門** 雙腿交於踝處
標注："克里什（趙莉注：即現森木塞姆，下同）"
83cm × 31.5cm
資産清册編號：3KV-311

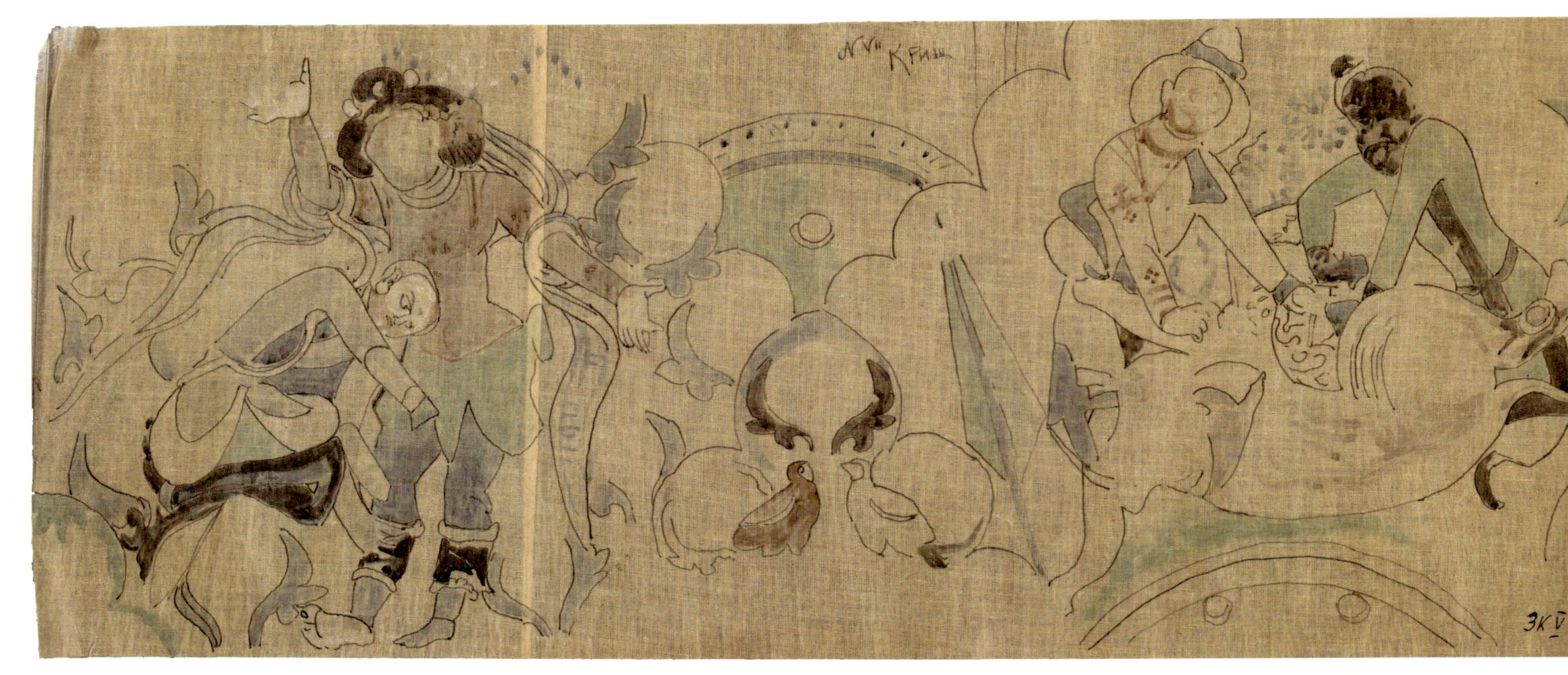

5. **券頂兩個本生故事題材場景** 兩個場景之間用輪廓綫畫出兩隻鳥和圖案裝飾
標注：“克里什” 67cm × 27cm
資産清册編號：3KV–314

6. **伎樂天** 形象被畫在拱形龕内
標注：“克里什” 97cm × 52.5cm
資産清册編號：3KV-315

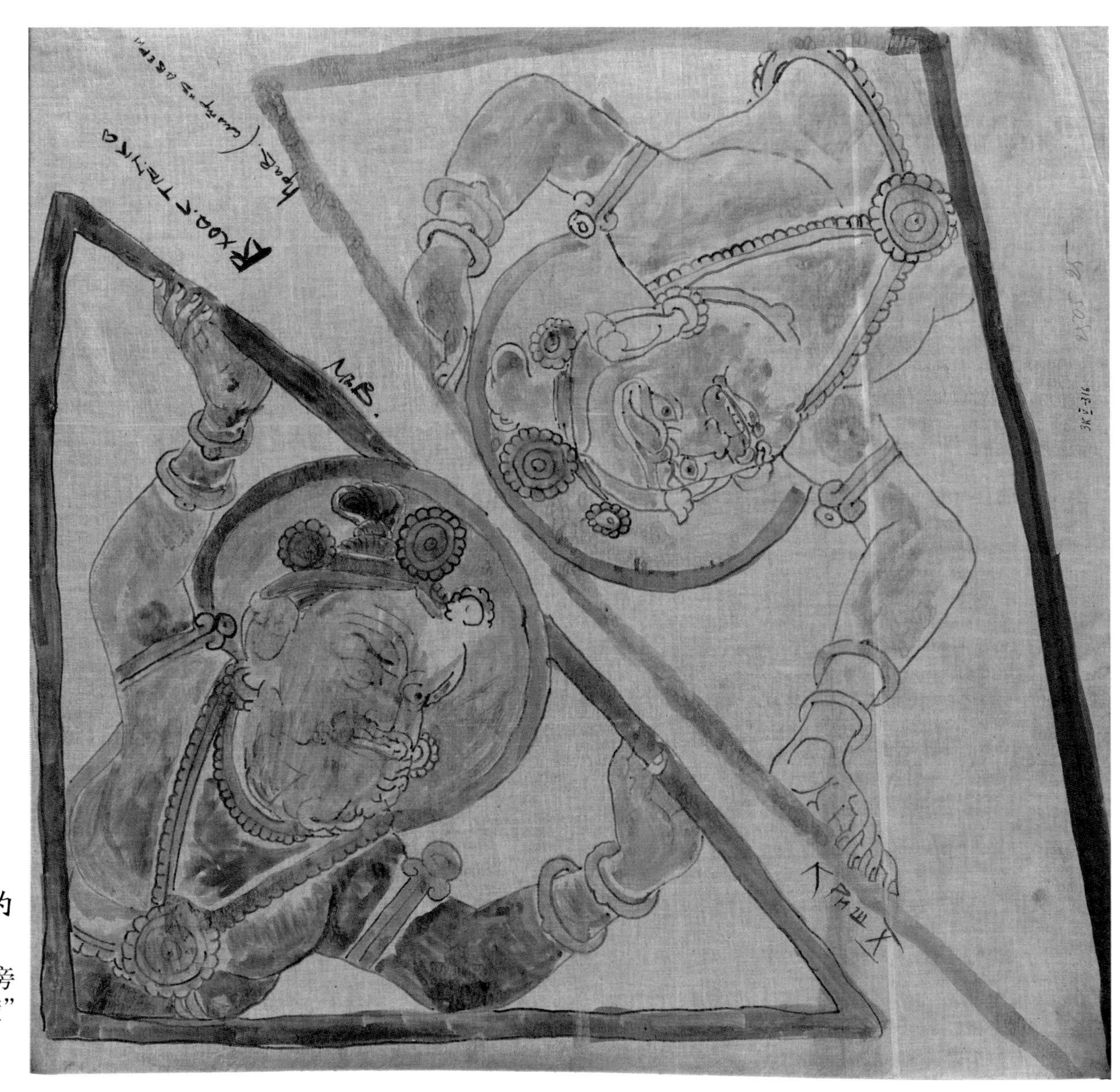

7. 内有天人和雷神的兩個三角形
標注：“克里什。入口旁的墻壁，(門)右壁、左壁”
80cm × 78cm
資産清册編號：3KV-316

8. 内有天人和雷神的兩個三角形 類似於前一幅
標注“克里什。後壁，右壁，左壁” 78.5cm × 77cm
資産清册編號：3KV-317

9. 拱形龕裏的伎樂
標注："克里什。墻壁上部的壁畫" 136cm × 53cm
資産清册編號：3KV-318

10. 有動物的花環裝飾
標注："克里什" 105.5cm × 25.5cm
資産清册編號：3KV-322

11. 有動物的花環裝飾
標注："克里什" 80cm × 22cm
資産清册編號：3KV-323

12. 花卉圖案裝飾
標注："克里什" 106cm × 22.5cm
資産清册編號：3KV-324

13. 花卉圖案裝飾
標注："克里什" 87.5cm × 28cm
資産清册編號：3KV-325

14. 呈現在雲和風景背景上的樂天和佛
標注："庫木吐喇" 85.5cm × 58.5cm
資産清册編號：3KV-326
注：複製在高級繪圖紙上

15. 兩身僧人、武士和小個女性

標注："庫木吐喇" 65cm × 47cm

資產清冊編號：3KV-327

注：第二條題記不清晰

16. 三身站立武士

標注："庫木吐喇" 104cm × 69.5cm

資産清册編號：3KV-329

17. 吐火羅女性和兩身武士

標注：“庫木吐喇” 108cm × 86cm

資産清册編號：3KV-330

18. 騎在象上的武士 "圍攻拘尸那"場景局部
標注："庫木吐喇" 108cm × 74cm
資産清册編號：3KV-331

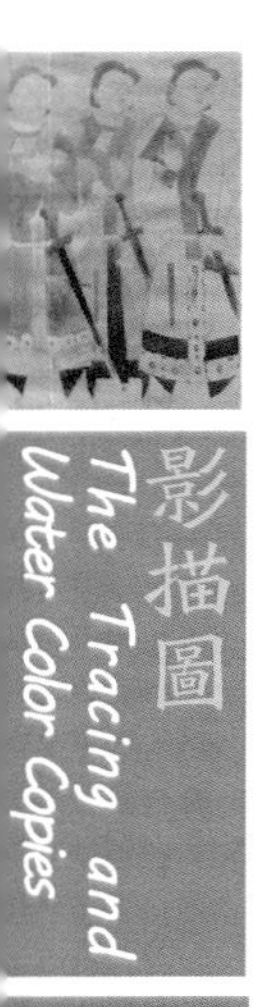

19. 站立的惡魔（？）

標注：“庫木吐喇” 106cm × 67cm

資産清册編號：3KV-333

注：畫家不明白典型特徵。С・Ф・奥登堡手寫附言：援引格倫威德爾，1912 年，圖 49，他因尖耳將人物斷定爲惡魔。

20. **山景中的佛説法圖**

標注：“鐵吉特”（趙莉注：應爲鐵吉克，下同。實際應爲“托乎拉克艾肯石窟”。） 103cm × 72cm

資産清册編號：3KV-345

注：複製在繪圖紙上。

21. 雲端上飛翔的人物、鳥和龍

標注：“鐵吉特”（趙莉注：實際應爲“托乎拉克艾肯石窟”。） 109.5cm × 67cm

資産清册編號：3KV-346

22. 拱形龕楣中的伎樂

標注:"克孜爾。入口右邊,面向供臺站立"

111.5cm × 44.5cm

資産清册編號:3KV-350

23. 拱形龕楣中的伎樂
標注："克孜爾"
112.5cm × 45.5cm
資産清册編號：3KV-351

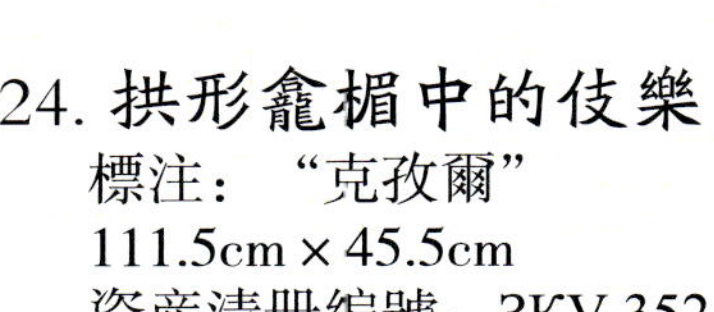

24. 拱形龕楣中的伎樂
標注："克孜爾"
111.5cm × 45.5cm
資産清册編號：3KV-352

25. 拱形龕楣中的伎樂
標注："克孜爾" 56cm ×112cm
資産清册編號：3KV-354

26. 站成一排的五身僧人
標注："克孜爾。繪有五身人物圖的甬道壁" 11cm × 68cm
資産清册編號：3KV-356

27. 站立的武士

標注："克孜爾"

111.5cm × 55.5cm

資産清册編號：3KV-355

28. **圓中表現有地和天、日、月、山和珍寶** 壁畫殘塊複製品
標注：“克孜爾第一組最後一窟”阿闍世王窟。 84cm × 74cm
資産清册編號：3KV-357

31. **複雜的植物圖案裝飾**
中央有婆羅門的頭
標注：“克孜爾”
111.5cm × 36.5cm
資産清册編號：3KV-364

29. **圖案裝飾**
標注："克孜爾" 86.5cm × 35cm
資産清册編號：3KV-360

30. **圖案裝飾** 題材類似於前一幅。
標注："克孜爾 –1" 111cm × 46cm
資産清册編號：3KV-362

33. **植物圖案裝飾** 内畫一大鬍子婆羅門的頭
標注："克孜爾" 110cm × 53cm
資産清册編號：3KV-366

34. **圖案裝飾** 各種小圖和雁
標注："克孜爾" 108cm × 24cm
資産清册編號：3KV-370

32. **禪定僧人** 圖案裝飾
標注："克孜爾" 110cm × 39.5cm
資産清册編號：3KV-365

Кызил 6
ЗКЗ-370
2505-1086

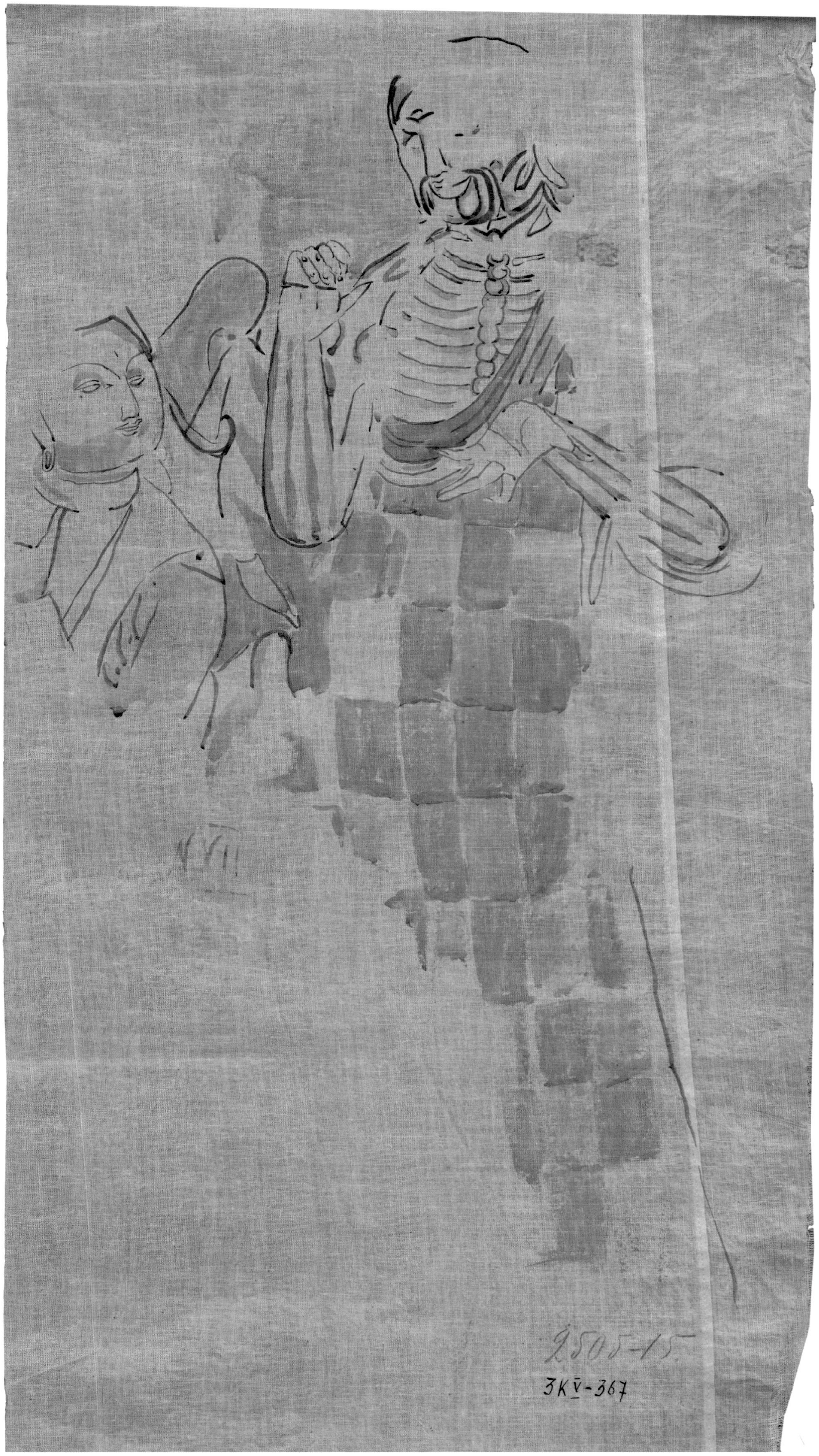

35. 婆羅門 苦行僧
標注：“克孜爾” 69cm × 36cm
資產清册編號：3KV-367

36. **持琵琶的神和揮舞長劍的武士**

標注：“克里什” 59.5cm × 57cm
資産清册編號：3KV-381
注：圖録 5 大幅構圖的殘塊

37. **圖案裝飾**

標注：“克里什” 63.5cm × 60cm
資産清册編號：3KV-382
注：用鉛筆寫下説明壁畫顔色的題記：“зел”——緑色，“б”——白色。

38. **七身佛、雲、兩朵大花飾** 壁畫邊緣的花卉圖案裝飾
標注：“庫木吐喇”，“涅槃，H” 57.5cm × 112cm
資産清册編號：3KV-383

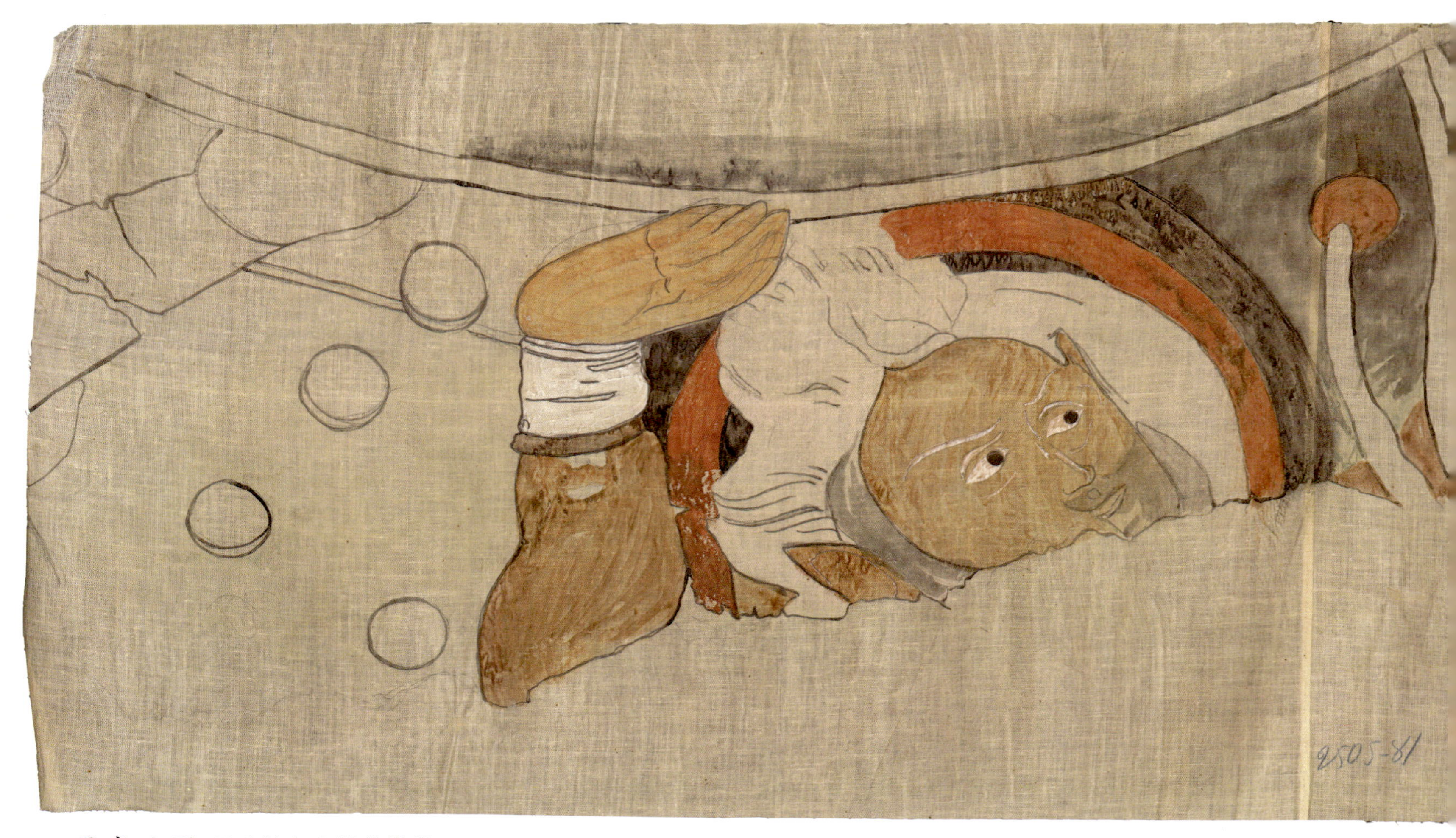

39. **惡魔的頭** 雙臂抬起支撑着拱券
鐵吉克 41cm × 83cm
資産清册編號：3KV-389
注：無題記。根據高級繪圖紙上複製品的題記和考察編號將來源確定爲鐵吉克。

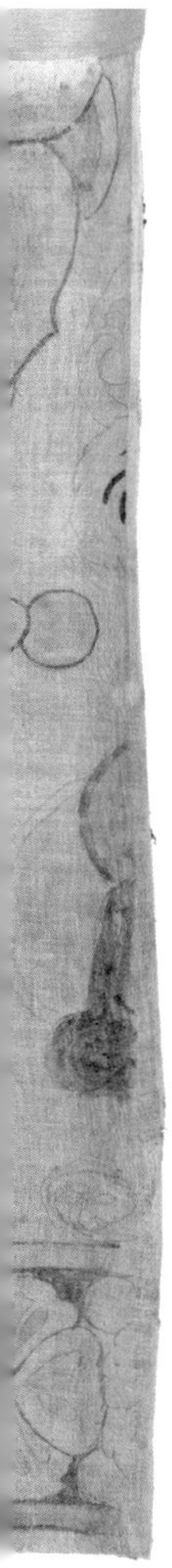

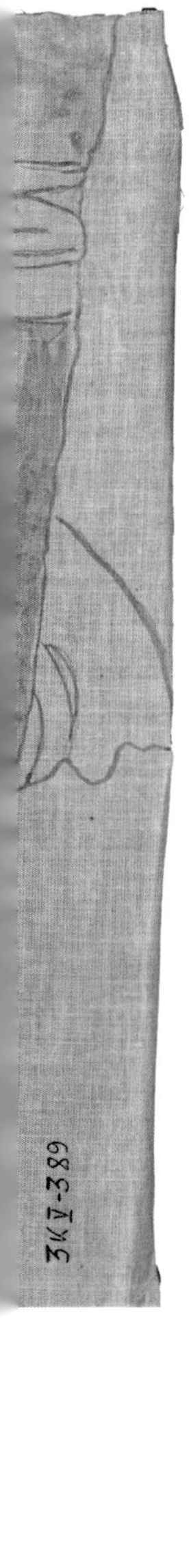

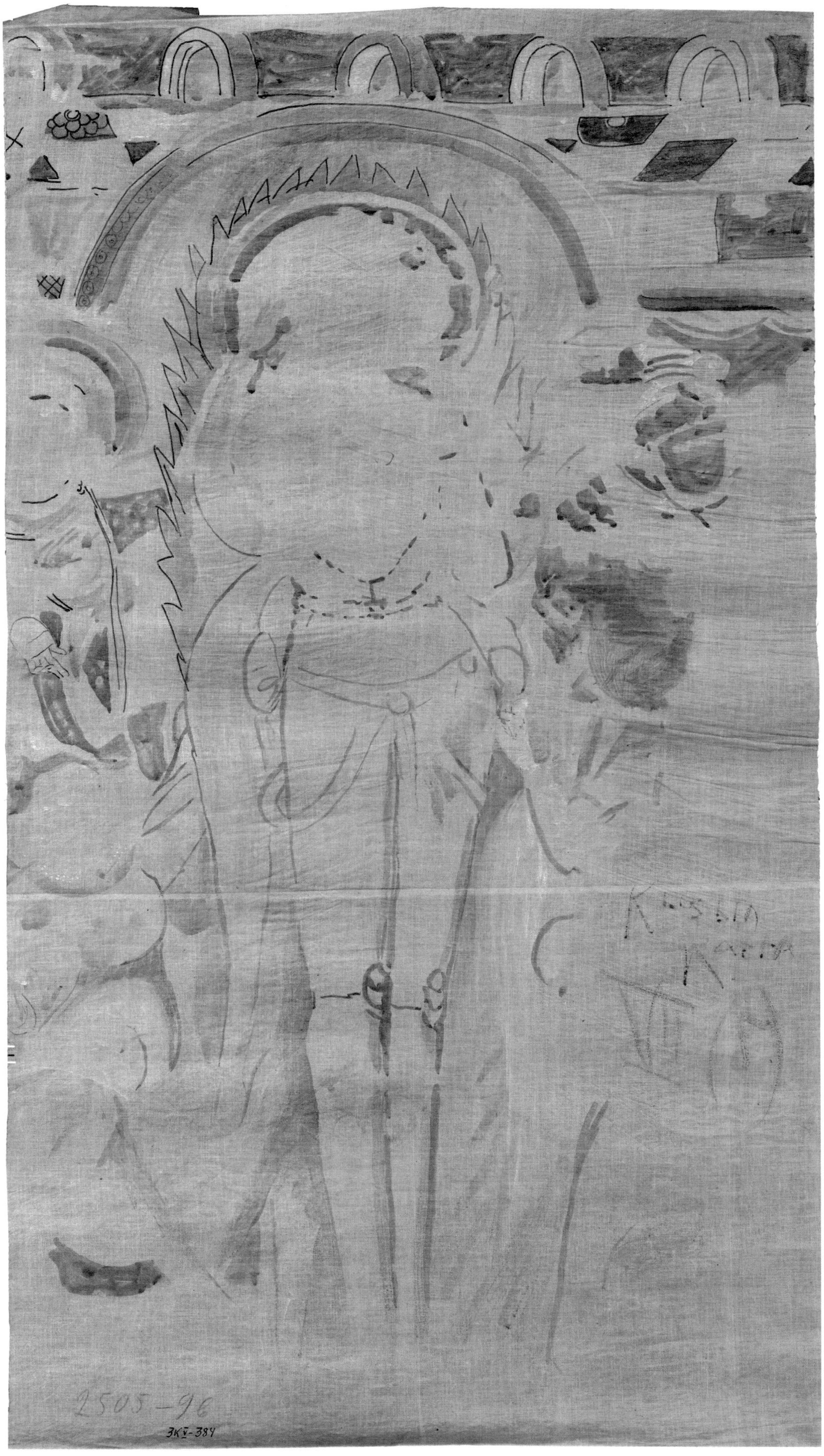

40. **站立的天人或菩薩** 勾畫出輪廓
標注：“克孜爾尕哈” 101cm × 56cm
資産清册編號：3KV-384

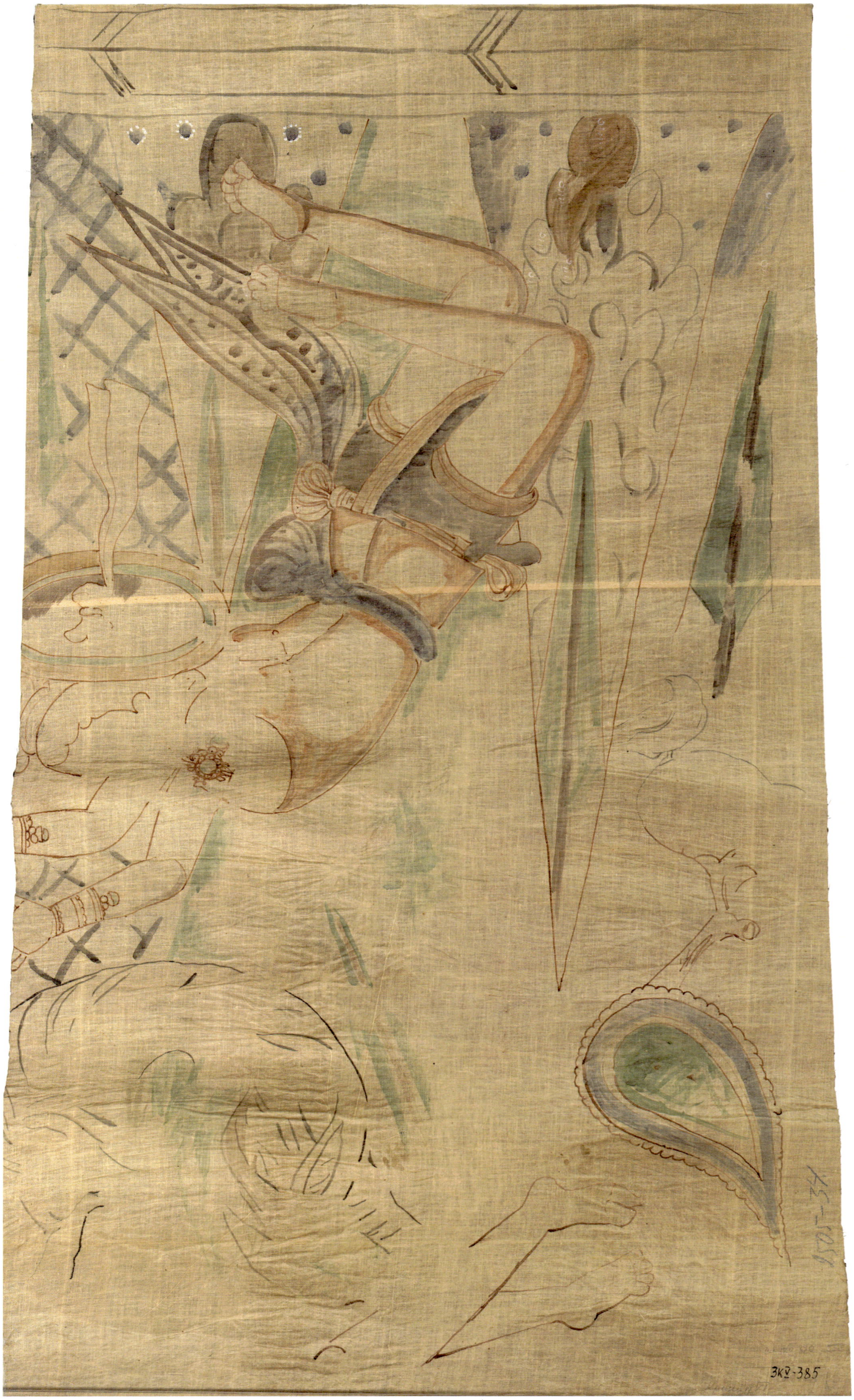

41. 頭向下的飛天

標注："克里什" 103cm × 56cm

資産清册編號：3KV-385

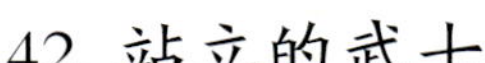
42. 站立的武士

庫木吐喇 90.5cm × 42cm
資産清册編號：3KV-388
注：用墨繪畫的素描圖，無畫家題記。根據類似的和考察編號 3KV-331、332、333 確定來源地點。

43. 供養人（？）

庫木吐喇 104cm × 66cm

資産清册編號：3KV-392

注：無畫家題記。根據類似的和考察編號 3KV-331、332、333 確定來源地點。

44. 僧人、武士和兩身女性
標注："克孜爾"　66cm × 65cm
資産清册編號：3KV-395

45. **佛及下面的天人或菩薩** 券頂壁畫

標注："鐵吉克（?）"（趙莉注：應爲"托乎拉克艾肯石窟"。） 60.5cm × 54.5cm

資産清册編號：3KV-455

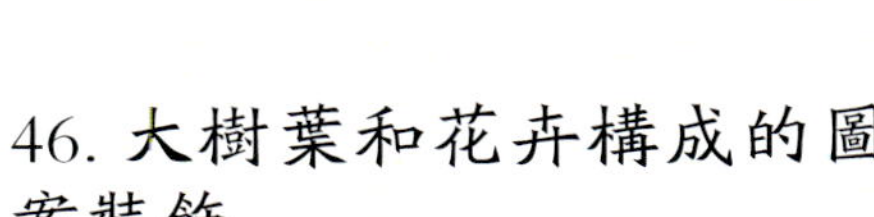

46. 大樹葉和花卉構成的圖案裝飾

標注："克孜爾或克孜爾尕哈"

39.5cm × 86cm

資産清册編號：3KV-469

2505 臨摹圖
The Tracing and Water Color Copies of "2505"

330

2505-79.

2505-1

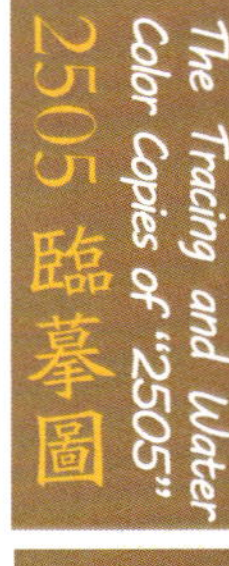

2505-2

2505-3

2505-4

2505-5

2505-6

2505-7

2505-8

2505-9

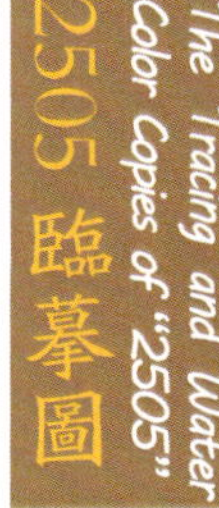

2505-10

2505-93 bei

2505-11

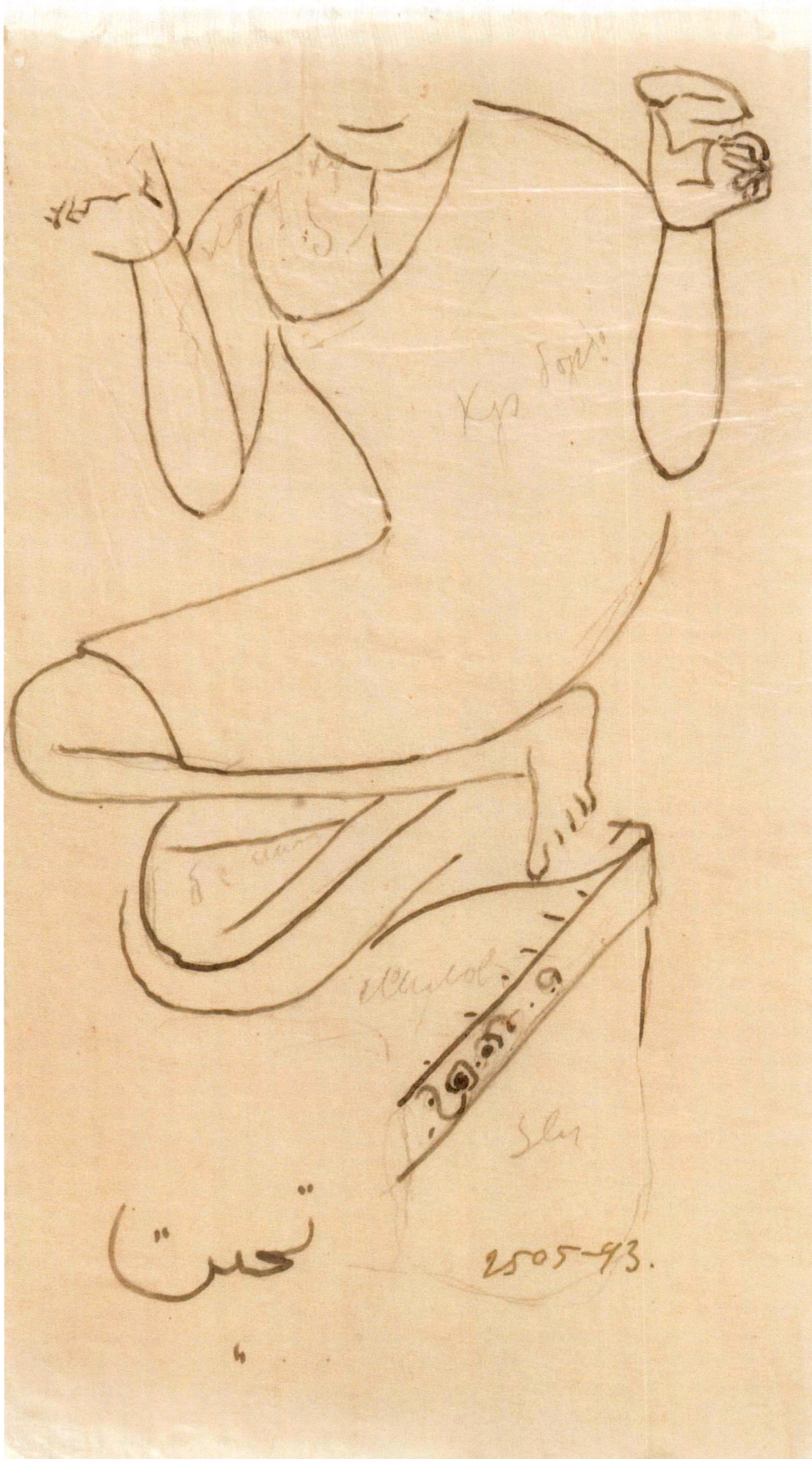

2505-12

2505-13

2505-14

庫車 1906 Watercolor album of "Kucha 1906"

水彩畫册（3KV-743）

在H•M•別列佐夫斯基的畫册《庫車•1906》（24張册頁；俄羅斯科學院東方文獻研究所東方學家檔案館，文獻庫59，目録清單1，存儲單元23）中，前8張是托乎拉克艾肯石窟寺的壁畫複製品，9張圖屬於庫木吐喇石窟，6張圖是複製克里什——森木塞姆石窟的。文件中，M•M•別列佐夫斯基未記録所説的最後一個遺址，但在艾爾米塔什博物館的畫册中和水彩畫複製品的個别紙張上有森木塞姆的圖畫。H•M•別列佐夫斯基在每張上都手寫注明了複製的位置(入口右邊或左邊的墻壁、券頂或頂)，但很遺憾，未標明洞窟編號或名稱，因此，這些複製品是探險考察隊留下的寶貴文件，雖具有一定的價值，但僅可使用個别的圖畫來確定被運往彼得堡的壁畫的位置。（摘録自Kira總序）

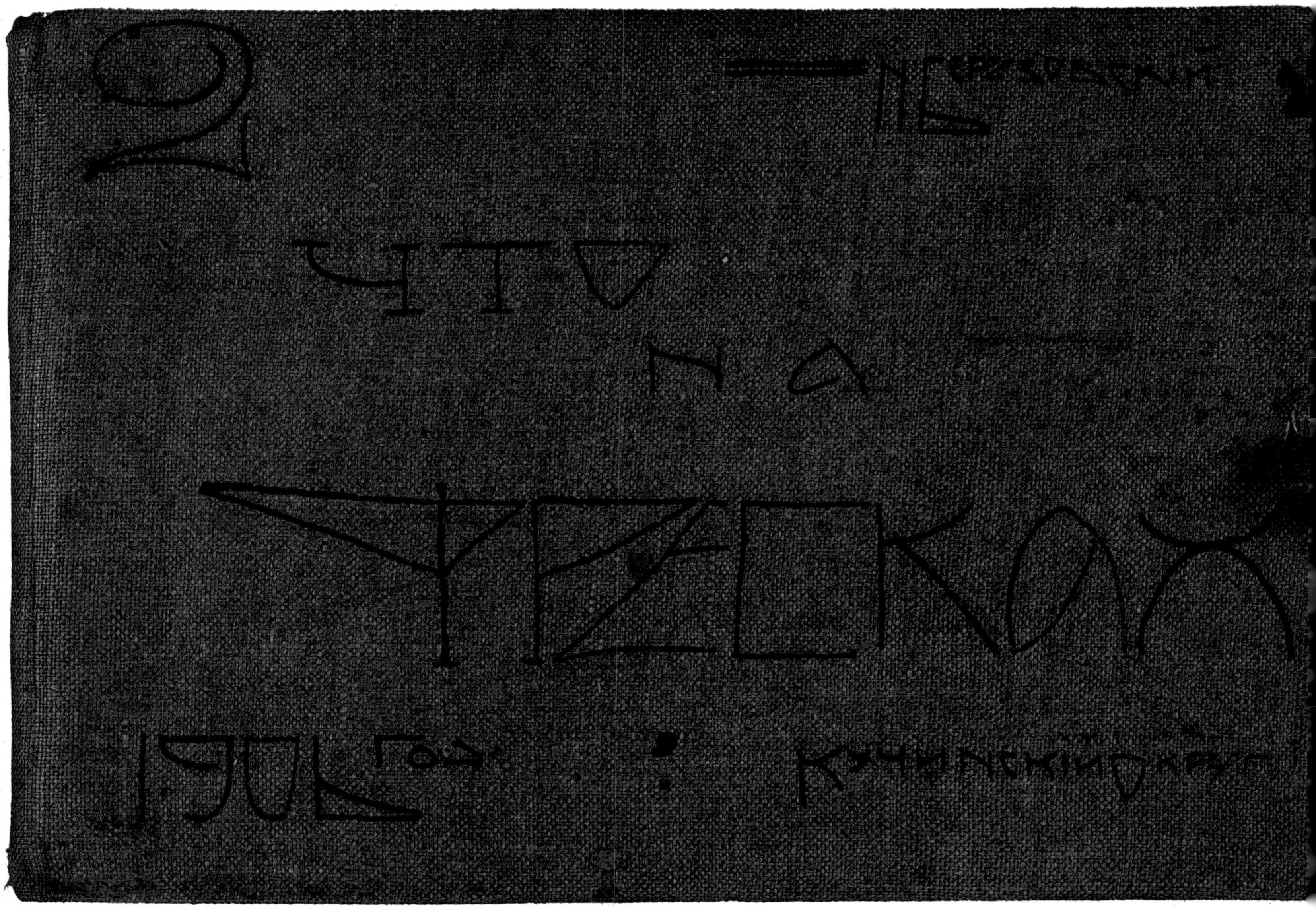

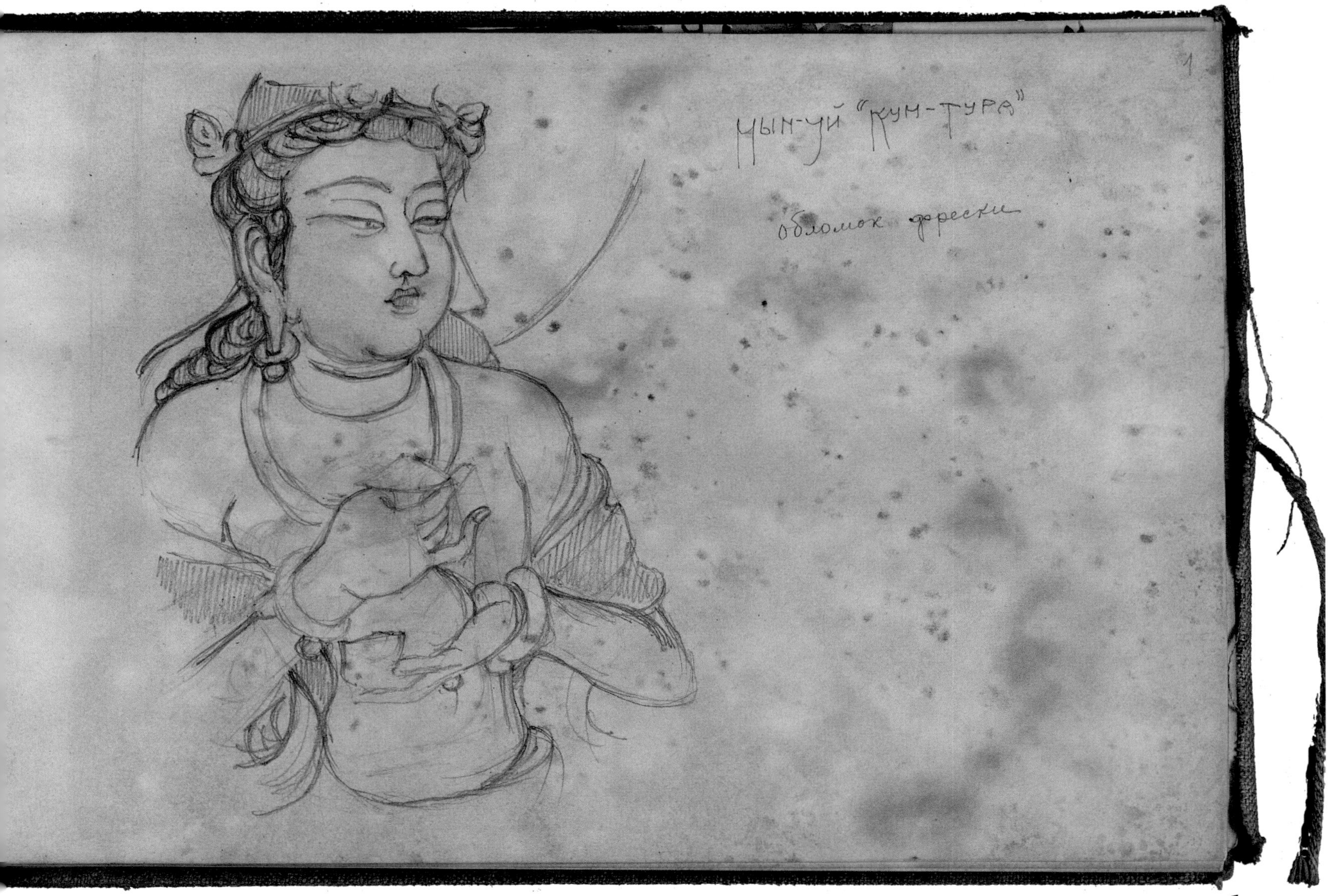
1
Мын-уй "Кум-тура"
обломок фрески

1

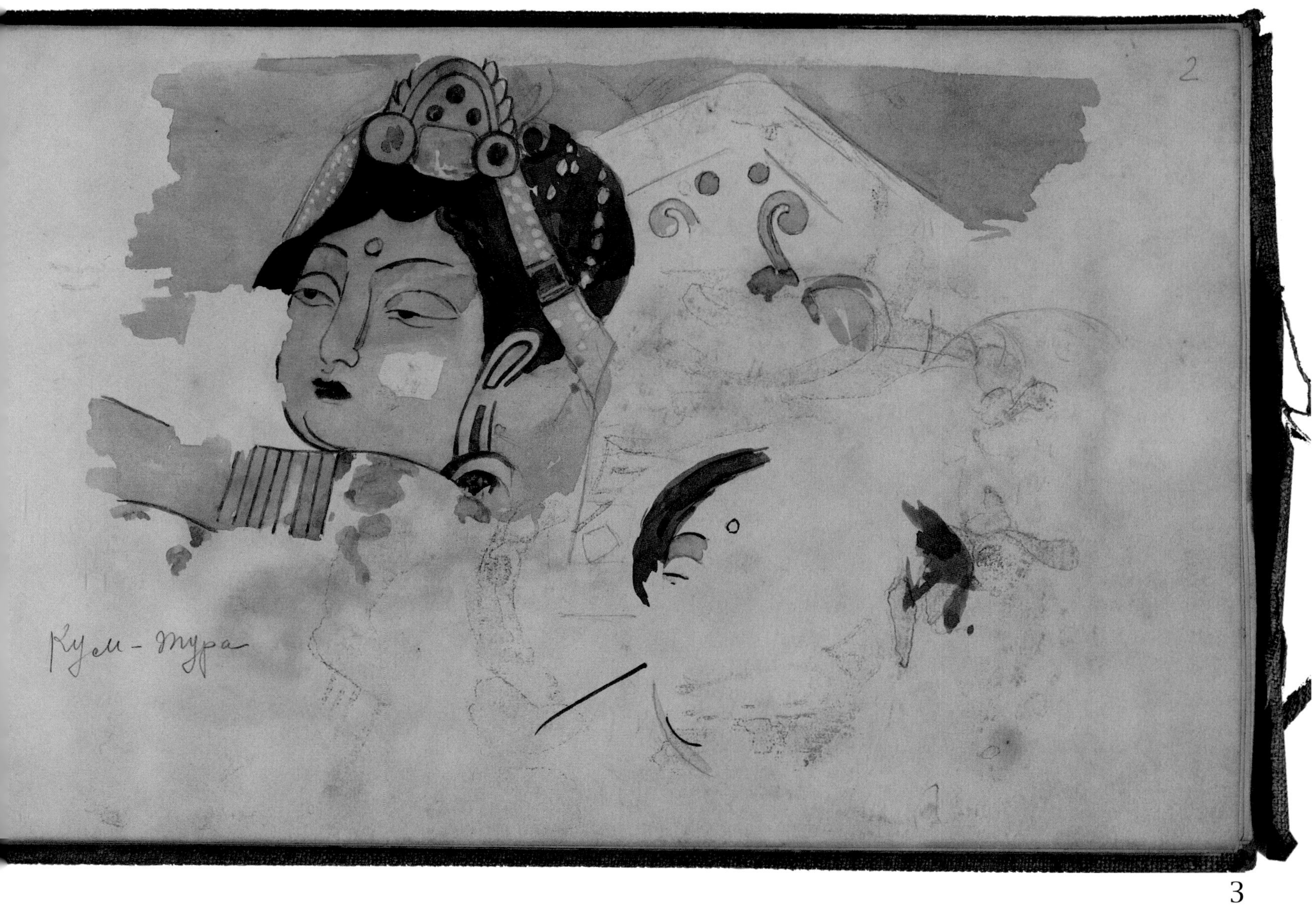
2
Кум-тура

3

4

6

5

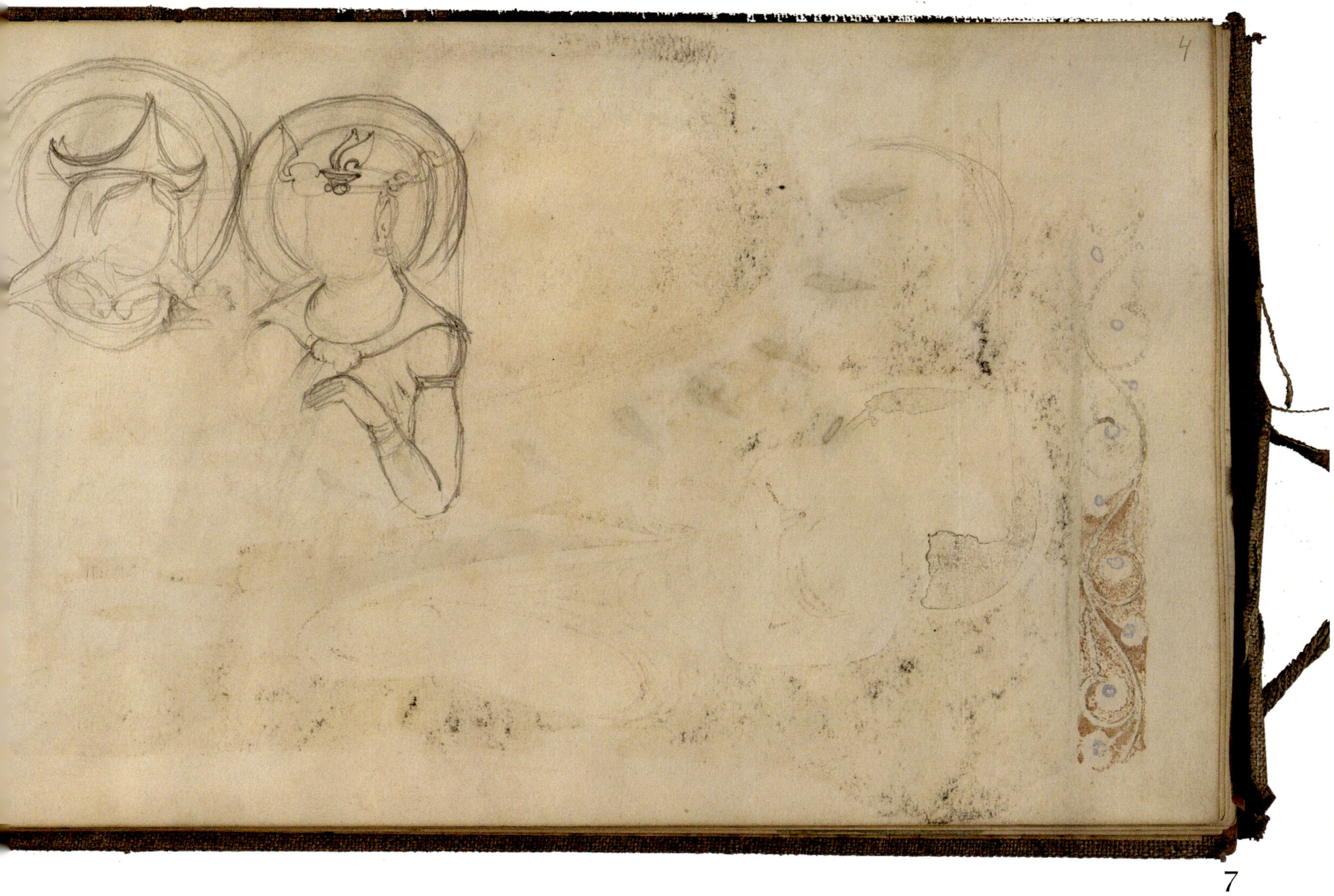

7

8

10

9

Средина потолка

11

12

14

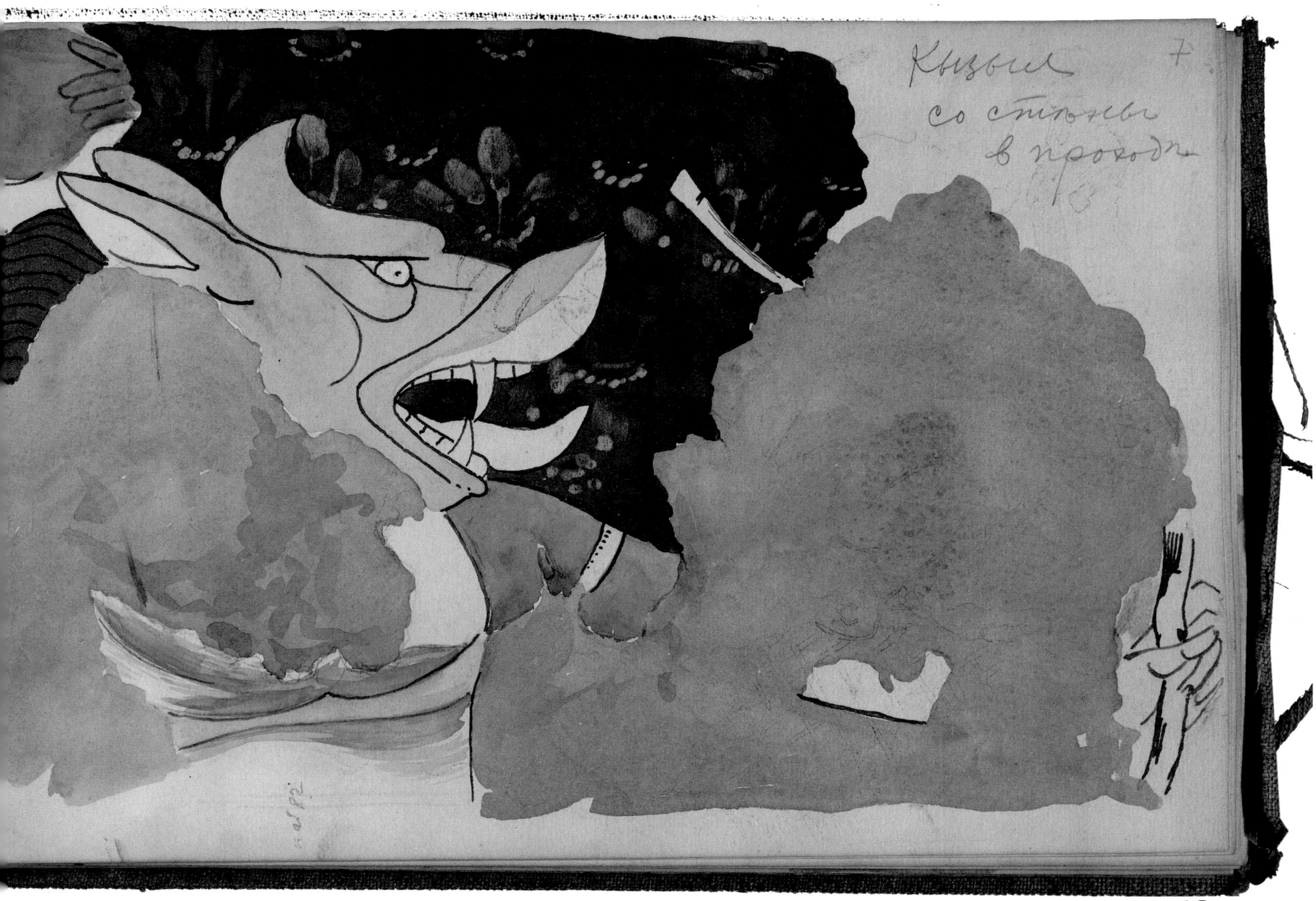

13

15

16

18

17

19

20

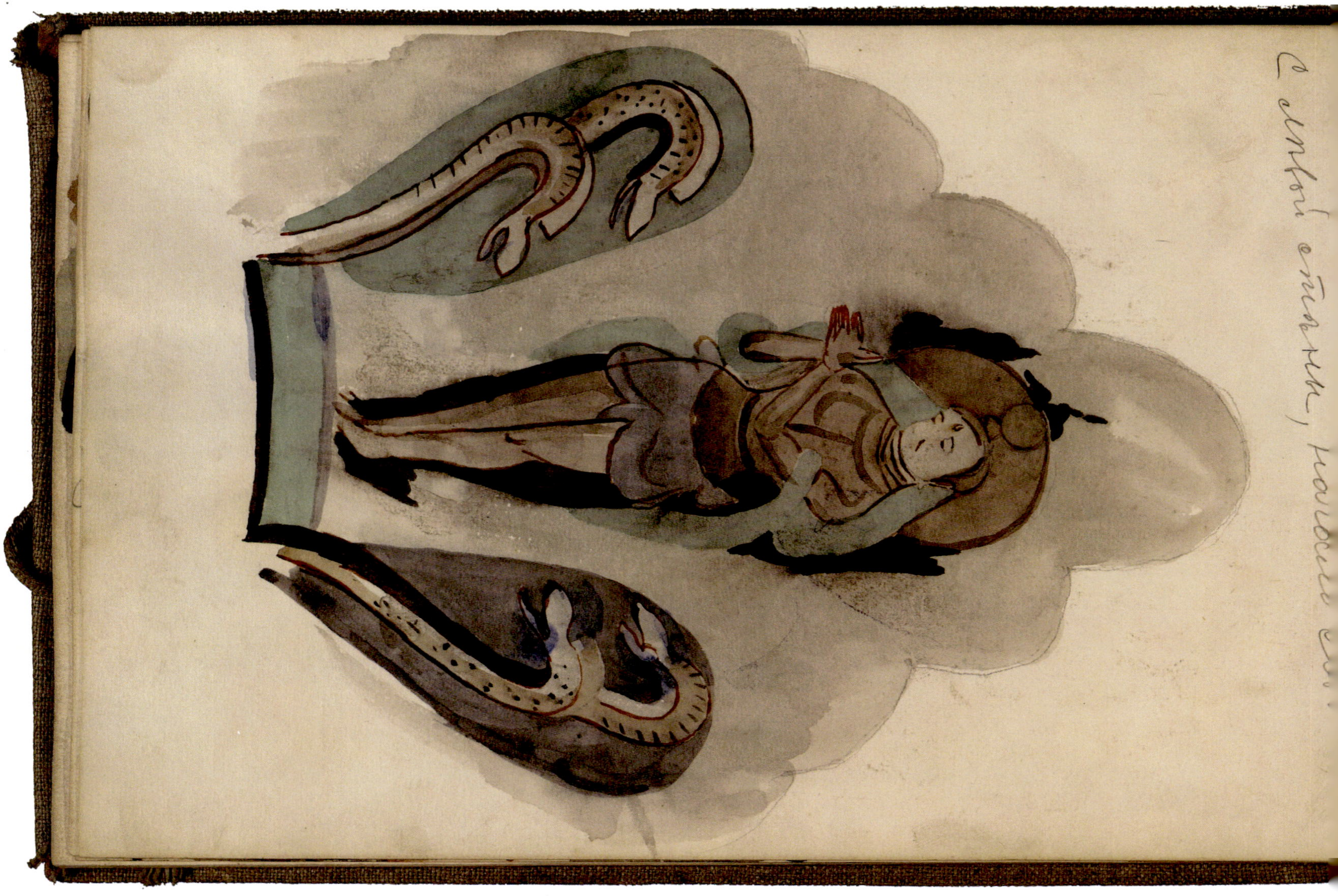

22

21

23

24

26

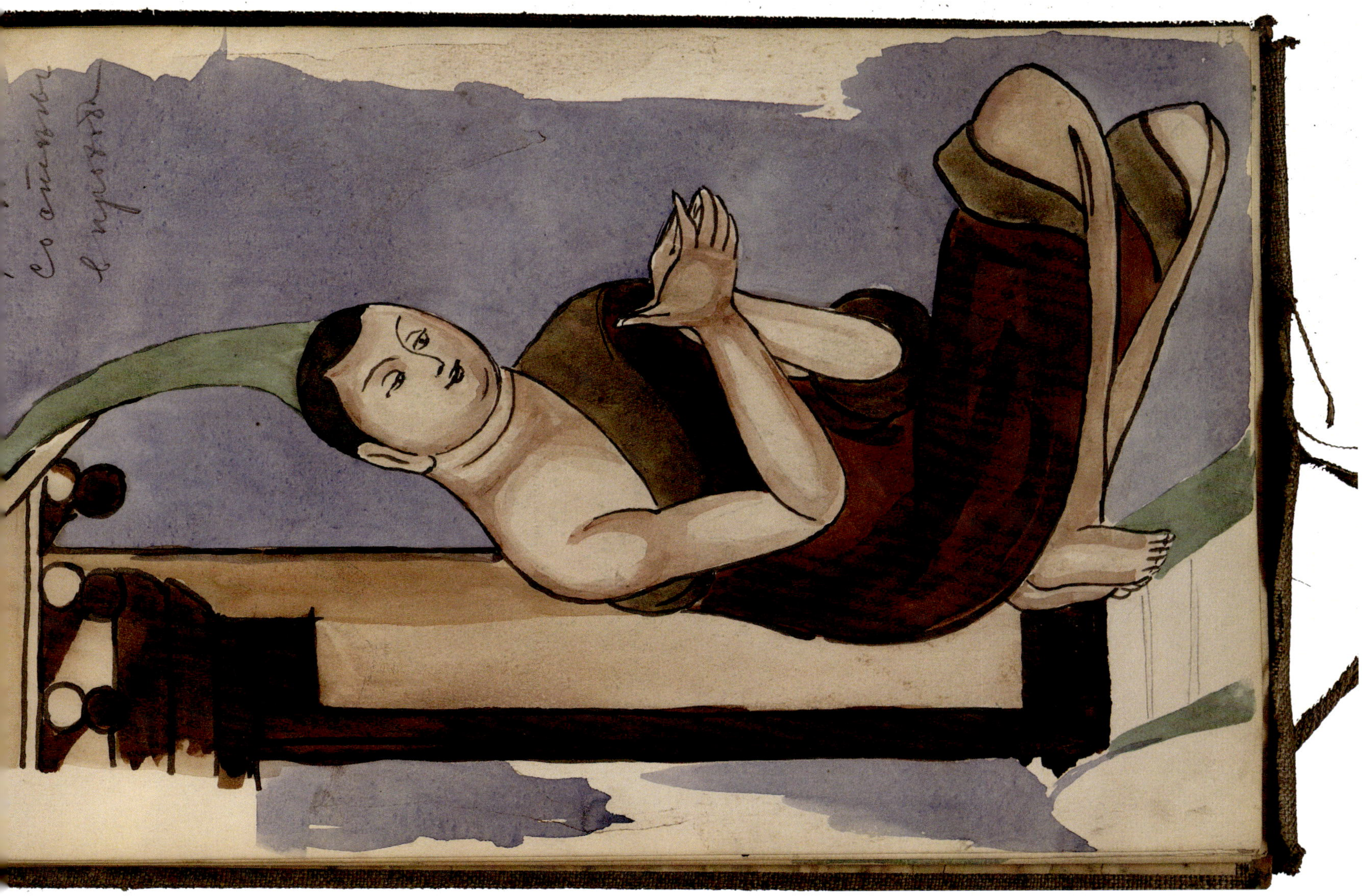

25

27

28

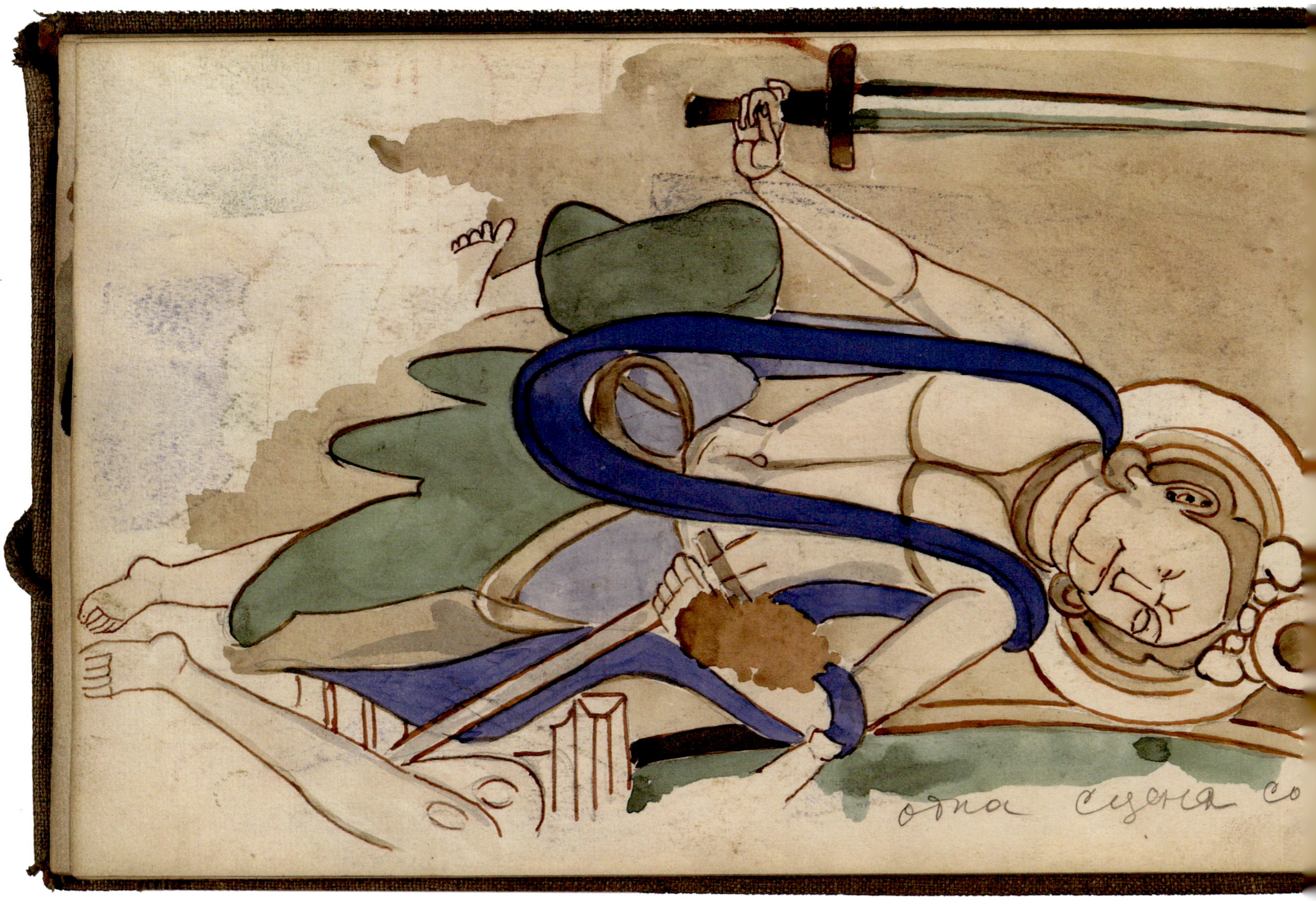

30

29

31

32

34

33

35

36

38

37

39

40

考察隊照片

A Photo Album of the Expedition Team

馬特維耶維奇 8 月 1 日考察文件
H・M・别列佐夫斯基與 M・M・别列佐夫斯基 1905–1906 年探險考察隊和
C・Φ・奧登堡 1909–1910 年俄羅斯第一次新疆探險考察隊
拍攝的照片和給照片寫的題記

1. ЗЛ-307 С・Ф・奥登堡的照片（1）

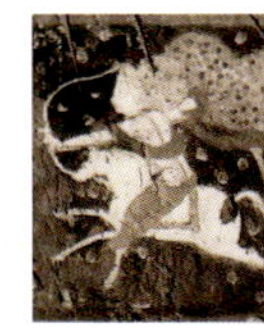
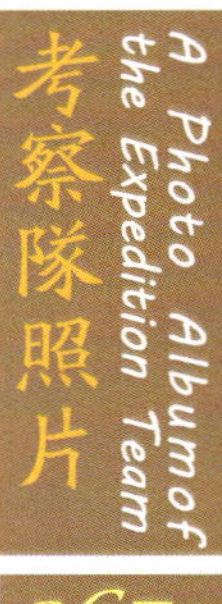

2. ЗК-379 С·Ф·奥登堡的照片（2）

3. pdf112 風景　　（注："pdf"爲博物館編號序列）

4. pdf113 沙漠，套在兩輪車上的公牛

5. pdf114 沙漠風景，套着馬的車

6. pdf 120 石窟外貌
№ 1969–183

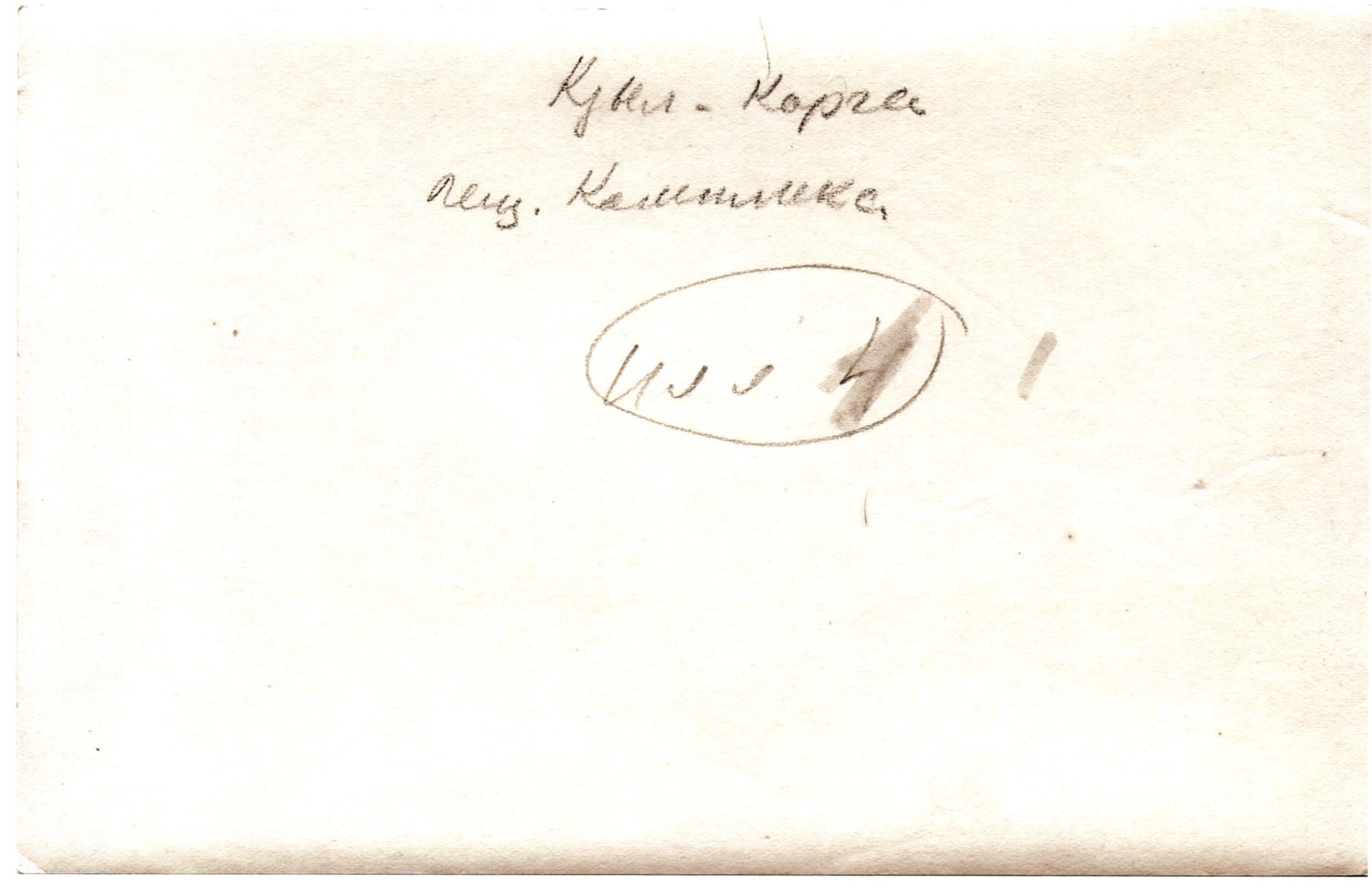

7. pdf102 **石窟外貌**

“克孜爾尕哈，石窟遺址。” № 1969–96

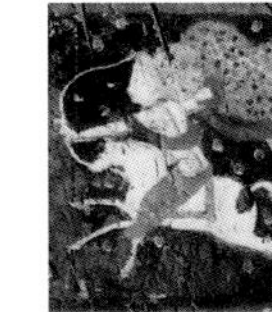

1969-47

8. pdf104 石窟外貌

“克孜爾尕哈，明屋北部。” № 1969–47

9. pdf106 石窟外貌

“克孜爾尕哈，明屋西部。” № 1969–46

10. pdf108 壁畫

“克孜爾尕哈，第 VII 窟，明屋東部。右甬道右側，從中心柱後的橫甬道拍攝。” № 1969–61

注釋：公元 4 世紀（？）的壁畫，保存差，僅繪以粗輪廓。

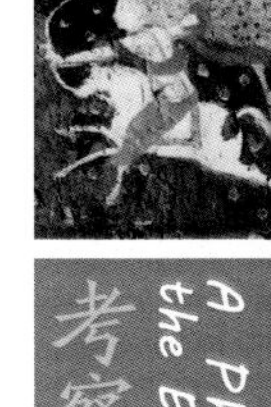

Кызылъ-Карга

Пещ. VIII Вост. часть лицевая

4 пещ

прав. стор. правого корри-
дора (то же что №1., только
снято из заднего поперечного
коррыдора.)

Ку-581

11. pdf087 **圍攻拘尸那**

背面的題記：№ 1，圍攻拘尸那，佩劍者窟。“克孜爾明屋，B 窟，後橫甬道的壁畫右側，中心柱後壁。”

Кизыльскій Мингуй

Пещера В (II негот)

№ 6. Въ боковомъ поперечнаго корридора,

задняя стѣна столба

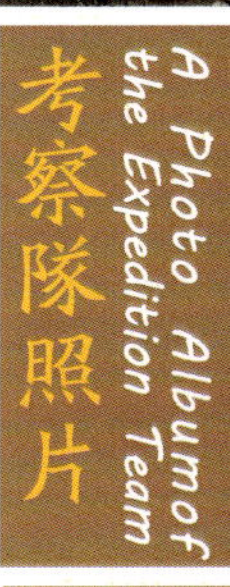

12. pdf089 **四身釋迦騎士**

佩劍者窟。“克孜爾，B 窟，№ 2，右甬道右側。”

Lelg 5 вверху

Кизыльские Мингуй

Пещ. В (11 негат.).

№ 2 — правый бок кругового коридора

B S. арх. 7 5.

13. pdf091 **本生故事（?）**
“克孜爾，泉水右邊的開闊地，O 窟，№ 1，右壁最下面。”
格倫威德爾，II BO 龍王窟，圖 130–132。惡魔窟，II，圖 294。（格倫威德爾，1912 年）

Кизыльский Минуй

На правой (от входа) стороне ровканна

Пещ. О. 4 негот

N 1. Самый низ правой стены

Grün II. 130. Nagarajahöhle 130-132
верх его „Teufelsh." см.
II рис 239

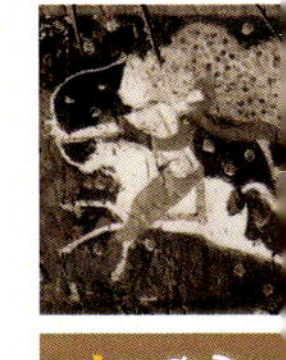

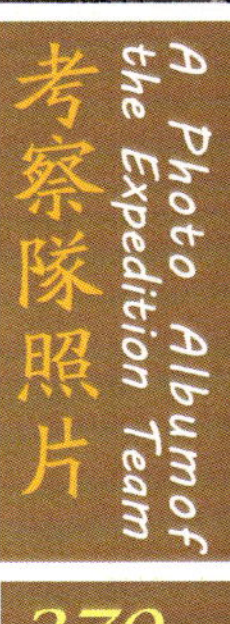

14. pdf094 **佛枕**

“克孜爾，E 窟，№ 3，佛枕上的圖。野猪頭。枕是我發掘出的。” “吐峪溝，E 窟，《簡要的總結報告》，第 67–70 頁。” 格倫威德爾，II BO 塑像窟，第 91–94 頁，圖 207a。

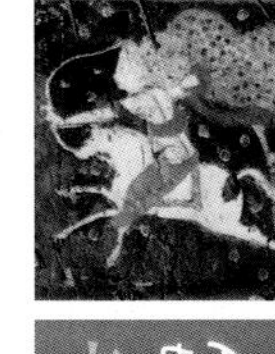

Кизильск. Мингуй

Пещера Е. (3 кесон

№ 3. Рисунок на подушке будды
(голова вверх)

Подушка откопана мною

ц. Шишкин

Пещ. Е.

Вверх. лист. 67-70.

? Grünw. II „Höhle der Statuen"
стр. 91-94. рис. 207а.

15. pdf098 壁爐窟

“克孜爾，上明屋，K（?）窟。№ 2，有壁爐的窟。格倫威德爾，壁爐窟。”

Кизил М-уй
верхний м-уй
пещ К

№2 Камин

Kaminhöhle

16. pdf100 圍攻拘尸那

“克孜爾尕哈，第 VI 窟，明屋東部，右甬道右側，從橫甬道拍攝。”

注釋：圍攻拘尸那，可能是很早的壁畫，約公元 4–5 世紀。長腿馬，用細綫畫出骨骼和關節。

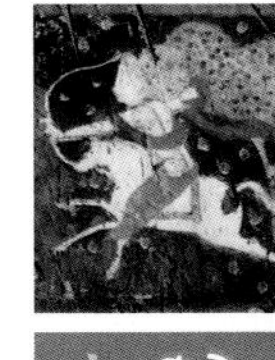

Кызыл-Карга

Пещ. VI (Вост. ст. Минцуй)

2 негат.

Правая сторона правого коридора. Снято у поперечного коридора.

№1

17. pdf110 壁畫

克孜爾尕哈。兩身騎士，第三個形象僅部分保存下來。背景爲深色，有花朵——斑點。下面——損毀的洞窟地仗。有人物的壁緣裝飾上方——畫在波狀邊緣的菱形内的本生故事，可猜測部分題材。背面無題記。

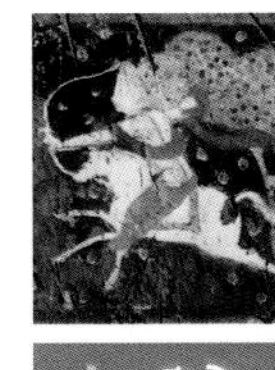

1969-64

Кызыл-Карга

Пещ. VIII 3 негат.

Правая стенка правого коридора. (Снято из поперечного коридора)

№ 2

18. pdf111

“克孜爾尕哈，第 VIII 窟，右甬道右側，從横甬道拍攝。” № 1969-64

19. pdf115 供養人
“庫木吐喇，O 窟，第一道峽谷。格倫威德爾 II，圖 15、18、20、16。”四身女性形象——供養人，保存差。№ 1969–119

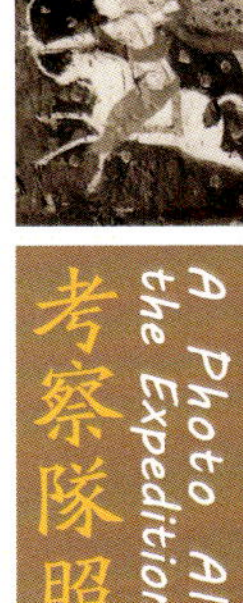

20. pdf117 窟頂壁畫

“庫木吐喇。”窟頂，由花飾構成的圖案裝飾。稍下是千佛。№ 1969–164

21. pdf122 洞窟内題記

“庫木吐喇，廊道聯接的洞窟入口前最後一個洞窟中的題記。”題記無法通讀。

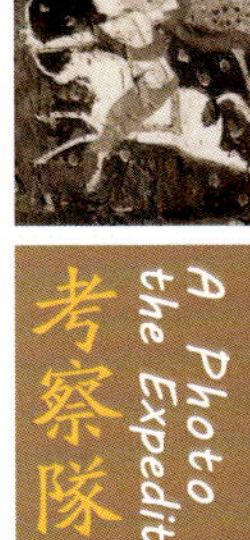

22. pdf124 洞窟内題記

“庫木吐喇，最後一道峽谷左邊洞窟中的題記。” № 1969–99

23. pdf128 洞窟内題記

“克孜爾尕哈，A 窟（明屋北部），入口左壁上的題記。” № 1969–49

24. pdf130 洞窟内題記
“克孜爾尕哈，A 窟。” № 1969–50

25. pdf119 庫車的清真寺

26. pdf121 頭上纏着包頭的男人

27. 烏魯木齊巴扎

參考書目
Bibliography

Архив востоковедов ИВР РАН, фонд 59, Березовский, альбом.	俄羅斯科學院東方文獻研究所檔案館，文獻庫 59，別列佐夫斯基，畫册。
Архив востоковедов ИВР РАН фонд 59, оп. 1, ед. хр. 23	俄羅斯科學院東方文獻研究所檔案館，文獻庫 59，目録清單 1，存儲單元 23。
Архив ГЭ фонд 38, оп.1, 25 ед.хр.Личный фонд М・М・Березовского.	國立艾爾米塔什博物館檔案館，文獻庫38，目録清單1、存儲單元25，M・M・別列佐夫斯基的個人文獻。
Архив ПФА Петербургский филиал архива РАН. Дневник Туркестанской экспедиции снаряженной по Высочайшему повелению Русским Комитетом по изучению Средней и Восточной Азии. ф.208, *Оп. 1, ед. хр. 62* .	俄羅斯科學院檔案館彼得堡分館，《俄羅斯中亞和東亞研究委員會奉旨派遣的新疆探險考察隊日志》，文獻庫 208，目録清單 1，存儲單元 62。
Архив ПФА РАН, Письма М・М・ Березовского к С・Ф・Ольденбургу. Ташкент – Куча 1905 – 1906гг. ф 208, оп.3 ед.хр.53, 92,лист 13, 13а, 14	俄羅斯科學院檔案館彼得堡分館，M・M・別列佐夫斯基寫給 C・Ф・奥登堡的信函，1905–1906 年塔什幹 – 庫車，文獻庫 208，目録清單 3，存儲單元 53、92，第 13、13a、14 頁。
Архив - ПФА РАН «Копии исходящих бумаг и писем РК январь 1909 – декабрь 1909. ф.148, оп.1, ед. хр.53, 55.	俄羅斯科學院檔案館彼得堡分館，《1909 年 1 月 –12 月俄羅斯委員會的公文和信函副本》，文獻庫 148，目録清單 1，存儲單元 53、55。
Архив ПФА РАН *Ольденбург, 191*. ф. 208, оп.3, ед хр.53, лист13,13а, 14.	俄羅斯科學院檔案館彼得堡分館，奥登堡，191。文獻庫 208，目録清單 3，存儲單元 53，第 13、13a、14 頁。
ПФА РАН. Ф. 208. Оп. 3, ед. хр. 280.	俄羅斯科學院檔案館彼得堡分館，文獻庫 208，目録清單 3，存儲單元 280。
Александрова，2008-Александрова Н・В・ Путь и текст. *Китайские паломники в Индии*. М. 2008.	亞歷山大羅夫娜，2008 年 ——H・B・亞歷山大羅夫娜，《路途與文書》，載《赴印度的中國朝覲者》，莫斯科，2008 年。
Азия-диалог цивилизаций. Под ред. Литвинского Б・А・и Антоновой В. СПб. 1996.	《亞洲 —— 文明的對話》，Б・A・利特文斯基和 B・安東諾娃編輯，聖彼得堡，1996 年。
Альбаум 1990-Альбаум Л・И. *Живопись святилища Фаяз-тепа. Ташкент*，1990.	阿爾巴烏姆，1990 年 ——Л・И・阿爾巴烏姆，《法亞兹–捷佩廟堂的繪畫》，塔什幹，1990 年。
Арья Шура 1962-Арья Шура *Гирлянда джатак. Перевод с санскрита* Баранникова и О・Волковой，М. 1962.	阿麗亞・舒拉，1962 年 —— 阿麗亞・舒拉，《菩薩本生鬘論》，巴蘭尼科娃和 O・沃爾科娃譯自梵文，莫斯科，1962 年。
Бонгард-Левин 1985-Левин Г・М.，Г・Ф・Ильин. *Индия в древности*. М. 1985，с.394.	邦加爾特 – 列文，1985 年 ——Г・M・邦加爾特 – 列文、Г・Ф・伊利英，《古代印度》，莫斯科，1985 年，第 394 頁。

Бяньвэнь 1963-*Бяньвэнь о Вэймоцзе*. Факсимиле рукописи，издание текста，предисловие，перевод，комментарий，приложения и словарь Л・Н・Меньшикова. М. 1963.	《變文》，1963 年 ——《維摩詰經變文》，孟列夫的手稿影印、文書出版、前言、翻譯、注釋、附録和詞典。莫斯科，1963 年。
Баньвэнь 1972-*Бяньвэнь о воздаянии за милости*. (Рукопись из Дуньхуанского фонда Института Востоковедения). Факсимиле рукописи，исследование，перевод с китайского，комментарий и таблицы. Л・Н・Меньшикова. М. 1972.	《變文》，1972 年 ——《報恩經變文》（東方學研究所敦煌文獻中的手稿），孟列夫的手稿影印、研究、翻譯、注釋和表。莫斯科，1972 年。
Бяньвэнь 1984-*Бяньвэнь по Лотосовой сутре*. Издание текста，перевод с китайского，введение，комментарий，приложения и словарь. Л・Н・Меньшикова. М. 1984.	《變文》，1984 年 ——《法華經變文》，孟列夫的文書出版、翻譯、引言、注釋、附録和詞典。莫斯科，1984 年。
Веселовский 1900-Веселовский Н・И.，Клеменц Д・А.，Ольденбург С・Ф. Записка о снаряжении экспедиции с археологической целью в бассейн Тарима.//*ЗВОРАО*，Т.13(1900)，вып.1，СПб.，1901，с.17.	維謝洛夫斯基，1900 年 ——Н・И・維謝洛夫斯基、Д・А・克列緬茨、С・Ф・奧登堡，《關於派遣考古探險考察隊赴塔里木盆地的呈文》，載《俄羅斯考古學會東方部會刊》，卷 13（1900 年），第 1 册，聖彼得堡，1901 年，第 17 頁。
Воробьева-Десятовская 2008-Воробьева-Десятовская М・И. Экспедиция М・М・Березовского в Кучу(1905-1906)//*Российские экспедиции в Центральную Азию в конце* ⅪⅩ *-начале* ⅩⅩ *века*. Под редакцией И・Ф・Поповой. СПб.，2008. С.65-73.	沃羅比耶娃－捷霞托夫斯卡婭，2008 年 ——М・И・沃羅比耶娃－捷霞托夫斯卡婭，《М・М・別列佐夫斯基赴庫車的探險考察（1905–1906）》，載《19 世紀末 –20 世紀初俄羅斯中央亞細亞的探險考察》，И・Ф・波波娃編輯，聖彼得堡，2008 年，第 65–73 頁。
Го Жосюй 1978-Го Жосюй. *Записки о живописи:что видел и слышал*. Перевод с китайского исследование и комментарий К・Ф・Самосюк. М.，1978. с.31.	郭若虚，1978 年 —— 郭若虚，《圖畫見聞志》，К・Ф・薩莫秀克翻譯、研究和注釋，莫斯科，1978 年，第 31 頁。
Горелик 1995-Горелик М・В・ Вооружение народов Восточного Туркестана. // *Восточный Туркестан в древности и раннем средневековье. Хозяйство，материальная культура*. Под ред. Б・А・Литвинского，М.，1995，с.359-430.	戈列利克，1995 年 ——М・В・戈列利克，《新疆各民族的武器裝備》，載《古代和中世紀早期的新疆（經濟、物質文化）》，Б・А・利特文斯基編輯，莫斯科，1995 年，第 359–430 頁。
Дудин 1916-Дудин С・М. Архитектурные памятники Китайского Туркестана(из путевых заметок). Пг.，1916，(отд. Отт. Из журнала «Архитектурно-художественный ежегодник»，1916，№6，10.)	杜　金，1916 年 ——С・М・杜金，《中國新疆的建築遺址（摘自游記）》，彼得格勒，1916 年（《建築藝術年鑒》雜志的單行本，1916 年，第 6、10 期）。
Дьяконова 1989-Дьяконова Н・В. Роспись потолка со знаками солнечного зодиака из Кизила-пещерного комплекса Ⅴ - Ⅵ вв. // ТГЭ，Т. ⅩⅩⅧ *Культура и искусство народов Востока*. Л. 1989.	佳科諾娃，1989 年 ——Н・В・佳科諾娃，《5–6 世紀克孜爾石窟頂部有黄道十二宫標志符號的壁畫》，載《國立艾爾米塔什博物館文集》，卷 XXVII《東方各族人民的文化與藝術》，列寧格勒，1989 年。
Дьяконова 1989-Дьяконова Н・В. Куча. // *Государственный Эрмитаж*，т.4. Изд-во NHK，1989，с.148-150.(на яп.языке)	佳科諾娃，1989 年 ——Н・В・佳科諾娃，《龜兹》，載《國立艾爾米塔什博物館》，卷 4，日本放送協會出版社，1989 年，第 148–150 頁（日文）。

Дьяконова 1995-Дьяконова Н・В. *Шикшин. Материалы Первой Русской Туркестанской экспедиции академика* С・Ф・*Ольденбурга 1909-1910 гг*. М. 1995	佳科諾娃，1995 年——Н・В・佳科諾娃，《錫克沁（С・Ф・奥登堡院士領導的 1909–1910 年俄羅斯第一次新疆探險考察隊獲得的材料）》，莫斯科，1995 年。
Дьяконова 2000-Дьяконова Н・В. Изобразительное искусство. // *Восточный Туркестан в древности и раннем средневековье*. Под ред. Академика Б・А・Литвинского. М. 2000，с.218-294.	佳科諾娃，2000 年——Н・В・佳科諾娃，《造像藝術》，載《古代和中世紀早期的新疆》，Б・А・利特文斯基院士編輯，莫斯科，2000 年，第 218–294 頁。
Ермакова 1998-Ермакова Т・В. *Буддийский мир глазами российских исследователей* ⅪⅩ *- первой трети* ⅩⅩ *века(Россия и сопредельные страны*). СПб. 1998.	葉爾馬科娃，1998 年——Т・В・葉爾馬科娃，《19–20 世紀前三分之一俄羅斯研究人員眼中的佛教世界（俄羅斯與周邊國家）》，聖彼得堡，1998 年。
Зеймаль 1967-Зеймаль Е・В. Монеты Великих Кушан в Государственном Эрмитаже. *ТГЭ*，т. Ⅹ，Нумизматика，3. Л. 1967，№3-5.	澤依馬爾，1967 年——Е・В・澤依馬爾，《國立艾爾米塔什博物館收藏的大貴霜錢幣》，載《國立艾爾米塔什博物館文集》，卷 X，《錢幣學》，1967 年。
Зеймаль 1971-Зеймаль Е・В. «Сино-кхароштийские монеты(к датировке хотанского двуязычного чекана)». «*Страны и народы Востока*»，вып. Ⅹ. М.，1971，с.109-120.	澤依馬爾，1971 年——Е・В・澤依馬爾，《漢佉二體錢（和闐雙語模壓錢）》，載《東方的國家與民族》，册 X，莫斯科，1971 年，第 109–120 頁。
Иванов 1992-Иванов В・В. Тохары. // Восточный *Туркестан в древности и раннем средневековье*. М.，2000，с.18-19.	伊萬諾夫，1992 年——В・В・伊萬諾夫，《吐火羅人》，載《古代和中世紀早期的新疆》，莫斯科，2000 年，第 18–19 頁。
Ивочкина 1975-Ивочкина Н・В. Монеты Первой Восточно-туркестанской экспедиции С・Ф・Ольденбурга. // *Культура и искусство Индии и стран Дальнего Востока*. Л.，1975.	依沃奇金娜，1975 年——Н・В・依沃奇金娜，《С・Ф・奥登堡領導的第一次新疆探險考察隊獲得的錢幣》，載《印度與遠東國家的文化和藝術》，列寧格勒，1975 年。
Известия РКСВА 1904-*Известия Русского Комитета для изучения Средней и Восточной Азии в историческом，археологическом，лингвистическом и этнографическом отношениях за 1903-1908*. СПб.，№4，ноябрь 1904г. 15-20.	《俄羅斯中亞和東亞研究委員會通報》，1904 年——《1903–1908 年俄羅斯中亞和東亞歷史學、考古學、語言學和民族學研究委員會通報》，聖彼得堡，第 4 期，1904 年 11 月，第 15–20 頁。
Кошеленко 1977-Кошеленко Г・А. *Родина парфян*. М.，1977.	科舍連科，1977 年——Г・А・科舍連科，《帕提亞人的故鄉》，莫斯科，1977 年。
Кычанов 1997-Кычанов Е・И. *Кочевые государства от гуннов до маньчжуров*. М.，1997，с.95，107.	克恰諾夫，1997 年——Е・И・克恰諾夫，《從匈奴到滿洲里的游牧國家》，莫斯科，1997 年，第 95、107 頁。
Литвинский 1984-Литвинский Б・А. Исторические судьбы Восточного Туркестана и Средней Азии. // *Восточный Туркестан и Средняя Азия. История. Культура. Связи*. М.，1984.	利特文斯基，1984 年——Б・А・利特文斯基，《新疆與中亞的歷史命運》，載《新疆與中亞（歷史、文化、聯繫）》，莫斯科，1984 年。

Литвинский 1986-Литвинский Б・А.， Пичикян И・Р. Пещерная культовая архитектура Восточного Туркестана. // *Восточный Туркестан и Средняя Азия в системе культур древнего и средневекового Востока*. М.， 1986， с.81-125.	利特文斯基，1986 年——Б・А・利特文斯基、И・Р・比奇江，《新疆的佛教石窟建築》，載《東方古代和中世紀文化體系中的新疆與中亞》，莫斯科，1986 年，第 81–125 頁。
Литвинский 1989-Литвинский Б・А. Монастырская жизнь Восточнотуркестанской сангхи. Буддийские церемонии. // *Буддизм. История и культура*. М.， 1989， с.178-179.	利特文斯基，1989 年——Б・А・利特文斯基，《新疆僧衆的寺院生活（佛教儀式）》，載《佛教（歷史與文化）》，莫斯科，1989 年，第 178–179 頁。
Литвинский 1995-Литвинский Б・А.， под ред. *Восточный Туркестан в древности и средневековье. Хозяйство， материальная культура*. М.， 1995.	利特文斯基，1995 年——Б・А・利特文斯基編輯，《古代和中世紀的新疆（經濟、物質文化）》，莫斯科，1995 年。
Литвинский 1996-Литвинский Б・А. Индийский фактор в цивилизации Центральной Азии. // *Азия-диалог цивилизаций*. Под ред. Б・А・Литвинского и Е・В・Антоновой. СПб.， 1989.	利特文斯基，1996 年——Б・А・利特文斯基，《中央亞細亞文明中的印度元素》，載《亞洲——文明的對話》，Б・А・利特文斯基和 Е・В・安東諾娃編輯，聖彼得堡，1989 年。
Литвинский 2000-Литвинский Б・А. Под ред. *Восточный Туркестан в древности и раннем средневековье. Архитектура. Искусство. Костюм*. М.， 2000.	利特文斯基，2000 年——Б・А・利特文斯基編輯，《古代和中世紀早期的新疆（建築、藝術、服飾）》，莫斯科，2000 年。
Литвинский 2002-Литвинский Б・А. Бактрийцы на охоте. // *Записки Восточного отделения Российского археологического общества(ЗВОРАО)*. Том Ⅰ， XXVI， СПб.， 2002， с.181-213.	利特文斯基，2002 年——Б・А・利特文斯基，《狩獵中的巴克特里亞人》，載《俄羅斯考古學會東方部會刊》，卷 I，聖彼得堡，2002 年，第 181–213 頁。
Луконин 1977-Луконин В・Г. *Искусство Древнего Ирана*. М.， 1977.	盧科寧，1977 年——В・Г・盧科寧，《古伊朗藝術》，莫斯科，1977 年。
Малявкин 1981-Малявкин А・Г. *Историческая география Центральной Азии. Материалы и исследования*. Новосибирск， 1981.	馬利亞夫金，1981 年——А・Г・馬利亞夫金，《中央亞細亞的歷史地理（材料與研究）》，新西伯利亞斯克，1981 年。
Малявкин 1989-Малявкин А・Г. *Танские хроники о государствах Центральной Азии*. Новосибирск， 1989.	馬利亞夫金，1989 年——А・Г・馬利亞夫金，《唐代中央亞細亞國家編年史》，新西伯利亞斯克，1989 年。
Маршак 1987-Маршак Б・И. Искусство Согда. // *Центральная Азия. Новые памятники письменности и искусства*. М.， 1987， с.233-248.	馬爾沙克，1987 年——Б・И・馬爾沙克，《粟特藝術》，載《中央亞細亞（文獻與藝術的新遺蹟）》，莫斯科，1987 年，第 233–248 頁。
Мкртычев 2002-Мкртычев Т・К. *Буддийское искусство Средней Азии I-X вв*. М.， 2000.	姆克爾迪切夫，2002 年——Т・К・姆克爾迪切夫，《公元 1–10 世紀中亞的佛教藝術》，莫斯科，2000 年。
Назирова 1984-Назирова Н・Н. *Центральная Азия в дореволюционном русском востоковедении(деятельность Русского Комитета для изучения Средней и Восточной Азии)*. М.， 1984， с.64.	納濟羅娃，1984 年——Н・Н・納濟羅娃，《革命前俄羅斯東方學中的中央亞細亞（俄羅斯中亞與東亞研究委員會的工作）》，莫斯科，1984 年，第 64 頁。

Назирова 1986-Назирова Н・Н. Экспедиция С・Ф・Ольденбурга в Восточный Туркестан и Заппдный Китай(обзор архивных материалов). // *Восточный Туркестан и Средняя Азия в системе культур древнего и средневекового Востока*. М.， 1986， с.23-24.	納濟羅娃，1986 年——Н・Н・納濟羅娃，《С・Ф・奥登堡赴中國西部和新疆的探險考察（檔案材料綜述）》，載《東方古代和中世紀文化體系中的新疆與中亞》，莫斯科，1986 年，第 23–24 頁。
Назирова 1992-Назирова Н・Н. *Центральная Азия в дореволюционном отечественном востоковедении*. М.， 1992.	納濟羅娃，1992 年——Н・Н・納濟羅娃，《革命前國内東方學中的中央亞細亞》，莫斯科，1992 年。
Ольденбург1914-Ольденбург С・Ф. *Русская Туркстанская экспедиция 1909-1910 года. Краткий предварительный отчет*. СПб.， 1914.	奥登堡，1914 年—— С・Ф・奥登堡，《1909–1910 年俄羅斯新疆探險考察》（簡要的初步總結報告），聖彼得堡，1914 年。
Панкова 2011 - Панкова С・В. *Таштыкские гравировки. (сюжетно-стилистический анализ и историко –культурная интерпретация)*. Автореферат на соискание ученой степени кандидата исторических наук. СПб. 2011.	潘科娃，2011 年——С・В・潘科娃，《塔施提克雕刻》（題材風格分析與歷史文化解釋），歷史學副博士學位申請論文提要，聖彼得堡，2011 年。
Попова 1999 - Попова И・Ф. *Политическая практика и идеология раннетанского Китая*. М.1999.	波波娃，1999 年 ——И・Ф・波波娃，《唐初治國之要術與思想》，莫斯科，1999 年。
Протоколы заседаний РКСА. 1908 год, № 1.Заседание 9 февраля. С.9. // *Известия РКСА*. СПб. 1908. Березовский сделал доклад о своей экспедиции на заседании Академии Наук 6 марта 1909 г.	《俄羅斯中亞與中央亞細亞研究委員會會議紀要》，1908 年 2 月 9 日第一次會議，第 9 頁，載《俄羅斯中亞與中央亞細亞研究委員會通報》，聖彼得堡，1908 年。别列佐夫斯基在 1909 年 3 月 6 日科學院會議上報告了自己的考察情况。
Пугаченкова 1991 - Пугаченкова Г・А. Ртвеладзе Э・В. К・Като. *Древности Южного Узбекистана*, 1991,Табл. 244, 245	普加琴科娃，1991 年 ——Г・А・普加琴科娃、Э・В・爾特維拉澤、加藤，《烏兹别克斯坦南部的文物古蹟》，1991 年，表 244、245。
Ртвеладзе 1995 - Ртвеладзе Э・В. К периодизации буддийского комплекса в Айртаме. // *ОНУ*, 1995, №5-8	爾特維拉澤，1995 年 ——Э・В・爾特維拉澤，《艾伊爾塔姆佛教遺址的分期》，載《烏兹别克斯坦社會科學》，1995 年，第 5–8 期。
Рудова 1989 - Рудова М・Л. (Пчелина) Дуньхуан. // *Государственный Эрмитаж*, т. 4. Изд-во NHK, 1989 с. 137 - 141 . (на яп. языке)	魯多娃，1989 年 ——М・Л・魯多娃，《敦煌》，載《國立艾爾米塔什博物館》，卷 4，日本放送協會出版社，1989 年，第 137–141 頁（日文）。
Самозванцева 1996 - Самозванцева Н・В. Индо-китайские культурные связи в V - VII вв. // *Азия - диалог цивилизаций*, под ред. Б・А・Литвинского и Е・В・Антоновой. СПб, 1996, с.57 – 99	薩莫兹萬采娃，1996 年 ——Н・В・薩莫兹萬采娃，《公元 5–7 世紀的印中文化聯係》，載《亞洲 —— 文明的對話》，Б・А・利特文斯基和 Е・В・安東諾娃編輯，聖彼得堡，1996 年，第 57–99 頁。
Самосюк 1989 - Самосюк К・Ф. Художники - иностранцы в Китае VI - VII вв. (по трактату Чжан Яньюаня «Записки о знаменитых картинах прошлых династий»). Л. 1989, *ТГЭ*, с.71-77	薩瑪秀克，1989 年 ——К・Ф・薩瑪秀克，《公元 6–7 世紀在中國的外國畫家》（根據張彦遠《歷代名畫記》的論述），列寧格勒，1989 年，《國立艾爾米塔什博物館文集》，第 71–77 頁。
Сисаури *2008* - Сисаури В・И. *Церемониальная музыка Китая и Японии*. СПб, 2008	西薩烏里，2008 年 ——В・И・西薩烏里，《中國和日本的禮樂》，聖彼得堡，2008 年。

Смирнов1909 - Смирнов Я・И. *Восточное серебро*. СПб, 1909. таблица LXIII – 105	斯米爾諾夫，1909 年——Я・И・斯米爾諾夫，《東方銀幣》，聖彼得堡，1909 年，表 LXIII-105。
Сергей Федорович Ольденбург. *Сборник материалов научной сессии, посвященной памяти С・Ф・Ольденбурга*. М.1986.	《謝爾蓋・費奧多羅維奇・奧登堡》，載《紀念 С・Ф・奧登堡科學會議材料集》，莫斯科，1986 年。
Ставиский 1998 - Ставиский Б・Я. *Судьбы буддизма в Средней Азии*. М.1998.	斯塔維斯基，1998 年——Б・Я・斯塔維斯基，《中亞佛教的命運》，莫斯科，1998 年。
Сутра о цветке лотоса чудесной дхармы. Издание подготовил А·Н· Игнатович. М.1998.	《妙法蓮華經》，А・Н・伊格納托維奇籌備出版，莫斯科，1998 年。
Сутра о мудрости и глупости. Перевод с тибетского, введение и комментарий Ю・М・ Парфионовича. М.1978.	《賢愚經》，Ю・М・帕爾菲奧諾維奇翻譯（自藏語）、引言和注釋，莫斯科，1978 年。
Сыма Цянь 1986 - Сыма Цянь. *Исторические записки. (Ши цзи)* Том 2, Перевод с китайского и комментарий Р・В・ Вяткина. М.1986.	司馬遷，1986 年—— 司馬遷，《史記》，卷 2，Р・В・維亞特金翻譯（自漢語）和注釋，莫斯科，1986 年。
Тревер 1940 - Тревер К・В. *Памятники греко-бактрийского искусства*. Л.1940, с.149-158.	特列維爾，1940 年——К・В・特列維爾，《希臘－巴克特里亞藝術遺存》，列寧格勒，1940 年，第 149–158 頁。
Хижняк 2008 - Хижняк О. *Ступа. Начало формирования буддийского культа*. СПб, 2008.	西日尼亞克，2008 年——О・西日尼亞克，《佛教祭祀形成的開始》，聖彼得堡，2008 年。
Хуань Куань 1997 - Хуань Куань. *Спор о соли и железе*. Перевод с китайского, введение и комментарий Ю・Л・ Кроля, СПб, 1997, т.1, с.244.	桓 寬，1997 年—— 桓寬，《鹽鐵論》，Ю・Л・克羅爾翻譯（自漢語）、引言和注釋，聖彼得堡，1997 年，卷 1，第 244 頁。
Хуэй-цзяо 1991 - Хуэй-цзяо. *Жизнеописания достойных монахов*. Перевод с китайского, исследование, комментарий и указатели М・Е・ Ермакова Т.1, М.1991.	慧 皎，1991 年—— 慧皎，《高僧傳》，М・Е・葉爾馬科夫翻譯（自漢語）、研究、注釋和索引，卷 1，莫斯科，1991 年。
Хуэй-цзяо 2005 Хуэй-цзяо. *Жизнеописаня достойных монахов*. Перевод с китайского, исследование и комментарий и указатели М・Е・ Ермакова Т.1I, (раздел 2:Толкователи), СПб, 2005.	慧 皎，2005 年—— 慧皎，《高僧傳》，М・Е・葉爾馬科夫翻譯（自漢語）、研究、注釋和索引，卷 1（第二部分：注釋集），聖彼得堡，2005 年。
Центральная Азия в Кушанскую эпоху. Том 1,2. М., «Наука»,1974.	《貴霜時代的中央亞細亞》，卷 1、2，莫斯科，科學出版社，1974 年。
Чжан Яньюань - Чжан Яньюань *Записки о знаменитых картинах прошлых династий*. Перевод с китайского, комментарий К・Ф・ Самосюк (рукопись).	張彥遠 —— 張彥遠，《歷代名畫記》，К・Ф・薩莫秀克翻譯（自漢語）、注釋（文稿）。
Шефер1981 - Шефер Э. *Золотые персики Самарканда*. Книга о чужеземных диковинах в империи Тан. Перевод с английского Е・В・ Зеймаля и Е・И・ Лубо-Лесниченко. М., 1981.	舍費爾，1981 年—— Э. 舍費爾，《撒馬爾罕的金桃》，載《唐帝國異域奇事》，Е・В・ 澤依馬爾和 Е・И・陸伯－列斯尼琴科譯自英語，莫斯科，1981 年。
Яценко1995 - Яценко С・ А. Костюм // *Восточный Туркестан в древности и раннем средневековье. Архитектура. Искусство. Костюм*. Под ред. Б・А・ Литвинского. М., 1995	雅岑科，1995 年——С・А・雅岑科，《服飾》，載《古代和中世紀早期的新疆（建築、藝術、服飾）》，Б・А・ 利特文斯基編輯，莫斯科，1995 年。

Beal 1983 - Beal S. *Si-yu-ki・ Buddhist Records of the Western World*, London, 1983.	比爾，1983 年——S・比爾，《西域記》（《記録西方世界之佛教》），倫敦，1983 年。
Bhattacharya – Haesner 2003 - Bhattacharya - Haesner Chh., *Central Asian Banners in the Turfan Collection of the Museum fur Indische Kunst*. Berlin, 2003.	查婭，2003 年——Chh・查婭，《印度藝術博物館吐魯番藏品中的新疆寺院幡畫》，柏林，2003 年。
Ching Chao-jung 2010 - Ching Chao-jung，*Secular documents in Tocharian. Buddhist economy and society in the Kucha region*. Tome I, Paris, 2010.	慶昭蓉，2010 年——慶昭蓉，《吐火羅語世俗文書：龜兹地區佛教經濟與社會》，巴黎，2010 年。
Bulletin of Miho Museum, vol. IV, March, 2004. P,7. pl.2, 3, 5, 6,13	《美穗博物館通報》，卷 IV，2004 年 3 月，第 7 頁，圖版 2、3、5、6、13。
Gropper2003 - Gropper Doris und Yaldiz Marianne. *Kunst an der Seitenstraße*. Eine Ausstellung des Museum für Indische Kunst, Berlin, Hamburg, 2003	格羅珀，2003 年——多麗絲・格羅珀和瑪利亞娜・雅爾荻兹，《絲綢之路的藝術》，印度藝術博物館的一個展覽，柏林、漢堡，2003 年。
Gaulier 1976 - Gaulier and others. *Buddhism in Afganistan and Central Asia*, vol. 1, 1976, p.5.	高利耶，1976 年——高利耶和其他人，《阿富汗和中亞的佛教》，卷 1，1976 年，第 5 頁。
Grünvedel, 1906 - Grünvedel Albert. *Bericht über archaeologische Arbeiten in Idikutschari und Umgebung im Winter 1902/1903*. München, 1906.	格倫威德爾，1906 年——阿爾伯特・格倫威德爾，《1902–1903 年冬季在高昌故城及周邊地區的考古工作報告》，慕尼黑，1906 年。
Grünvedel 1912 - Grünvedel Albert, *Altbuddistische Kultstätten in Chinesisch Turkestan*. Berlin, 1912.	格倫威德爾，1912 年——阿爾伯特・格倫威德爾，《新疆古佛寺》，柏林，1912 年。
Grünvedel 1920 - Grünvedel Albert, *Alt Kutcha*, Berlin,1920, 2 vols.	格倫威德爾，1920 年——阿爾伯特・格倫威德爾，《古代庫車》，柏林，1920 年，2 卷本。
Hambis 1977 - Mission Pelliot. Diriger par Louis Hambis. *L'Asie Centrale, histoire et civilization*, Paris, 1977, pl. 81.	韓百詩，1977 年——《伯希和探險考察》，路易斯・韓百詩編輯，《中亞歷史與文明》，巴黎，1977 年，第 81 頁。
Hartel 1985 - Hartel H, Yaldiz M. *Die Seitenstraße*, Berlin, 1985.	哈特爾，1985 年——H・哈特爾、M・雅爾荻兹，《絲綢之路》，柏林，1985 年。
Howard 1991 - Howard Angela F. In Support of a New Chronology for the Kizil Mural Paintings // *Archives of Asian Art*. XLIV/1991.	霍華德，1991 年——Angela F・霍華德，《克孜爾石窟壁畫的一個新的年代學證據》，載《亞洲藝術文獻》，卷 XLIV，1991 年。
Howard 2007 - Howard Angela F. Miracles and Visions. Among the Monastic Communities of Kucha, Xinjiang. // *Journal of Inner Asian Art and Archaeology*. 2007/2, Brepols, p.77-81.	霍華德，2007 年——Angela F・霍華德，《新疆庫車寺院中的神變和異象》，載《亞洲腹地的藝術與考古學雜志》，2007 年第 2 期，布雷珀斯出版印刷公司，第 77–81 頁。
The Hye-Ch'o Diary: *Memoir of the Pilgrimage to the Five Regions of India*. Translation, text and editing by Yang Han-sung, Jan Yunhua and Iida Shotaro, Laurence W・ Preston, 1985, p.57.	慧超日記：《往五天竺傳》，由梁翰承、冉雲華和飯田正太郎、勞倫斯・W・普雷斯頓翻譯、文本編輯，1985 年，第 57 頁。
Kageyama 2007 - Kageyama Etsuko. The Winged Crown and the Triple-crescent Crown in the Sogdian Funerary Monuments from China: Their Relation to the Heftalite Occupation of Central Asia. // *Journal of Inner Asian Art and Archaeology*. Brepols. 2007/2, p.11 – 22.	影山，2007 年——影山悦子，《中國粟特墓碑上的有翼冠和三月冠：它們與白匈奴佔領中亞的關係》，載《亞洲腹地的藝術與考古學雜志》，布雷珀斯出版印刷公司，2007 年第 2 期，第 11–22 頁。

Karetzky 2000 - Karetzky P., Eichenbaum H. *Sarvastivadin Buddists and the Scenes of the Life of the Buddha from Qizil (Xinjiang).*	卡列茨基，2000 年——P·卡列茨基、H·艾肯鮑姆，《龜兹説一切有部佛教徒和佛傳場景》。
Karetzky 2006 - Karetzky P. The Origins and Evolution of Portrayals of the Death of the Buddha in Central Asia and Early China. // *Oriental Art, 2006,* vol. L, n.4,p. 41 – 49.	卡列茨基，2006 年——P·卡列茨基，《中亞和中國早期佛陀涅槃的起源與演化描述》，載《東方藝術》，2006 年，卷 L，注 4，第 41–49 頁。
Klimburg 1974 - Klimburg,Maximilian. Die Entwiklung des zweiten Indo-Iranischen Stils von Kutcha. // Hazai, G. and Zieme (eds), *Sprache, Geschichte und Kultur der Altaische Volker*. Berlin, 1974, s.317 - 325.	克里姆伯格，1974 年——馬克斯米利安·克里姆伯格，《龜兹第二種印度伊朗風格的發展》，載《語言、歷史與古代亞洲的民俗文化》，G·哈扎伊和茨默，柏林，1974 年，第 317–325 頁。
Klimburg – Salter2002 - Klimburg – *Salter Deborah. Bamian: an Obituary and a Glance towards the Future.* This Article is based on the Anthony Gardner Lecture presented by the author in June 2002 at Victoria and Albert Museum, London.	克里姆伯格 - 索爾特，2002 年——D·克里姆伯格 – 索爾特，《痛挽往昔瞻望來者 —— 巴米揚窟龕考》，本文是作者基於安東尼·加德納 2002 年 6 月在維多利亞和艾伯特博物館的講座所寫，倫敦。
Le Coq von und Waldschmidt 1922 – 1933 Le Coq von und Waldschmidt Ernst. *Die Buddhistische Spätantike in Mittelasien*. Berlin, 1922 - 1933, 7 vols.	勒柯克和瓦爾德施密特，1922–1933 年—— 勒柯克和 E·瓦爾德施密特，《新疆佛教藝術》，柏林，1922–1933 年，7 卷本。
Le Coq 1925 - Le Coq von Alfred. *Bilderatlas zur Kunst und Kulturgeschichte Mittel –Asien*. Berlin, 1925.	勒柯克，1925 年—— 阿爾弗雷德·勒柯克，《中亞藝術與文化史圖鑒》，柏林，1925 年。
Leidy 2001 - Leidy Denise P. Bezeklik Temple 20 and Early Esoteric Buddihsm. *SRAA*, Kamakura, 2001, vol. 7 p.201-223	雷 迪，2001 年—— 丹尼斯·P·雷迪，《柏孜克里克第 20 窟與早期深奥的佛教》，載《絲綢之路藝術與考古研究》，鐮倉，2001 年，卷 7，第 201–223 頁。
Leidy 2010 - Leidy, Denise P. and Straham D. *Wisdom embodied.* N. Y, 2010, fig. 64.	雷 迪，2010 年——丹尼斯·P·雷迪和 D·斯特拉漢姆，《智慧的體現》，紐約，2010 年，圖 64。
Lit de pierre 2004- *Lit de pierre sommeil barbare*. Musee Guimet , 2004, p. 24, panneau 8.	《石榻》，2004 年——《安葬蠻夷的石榻》，集美博物館，2004 年，第 24 頁，圍屏 8。
Litvinsky 2001 - Litvinsky B. - The Bactrian Ivory Plate with a Hunting Scene from the Temple of Oxus. *SRAA*, Kamakura, 2001, vol. 7 . p.137-157, fig7.	利特文斯基，2001 年——B·利特文斯基，《烏滸水寺廟有狩獵場景的巴克特里亞象牙板片》，載《絲綢之路藝術與考古研究》，鐮倉，2001 年，卷 7，第 137–157 頁，圖 7。
Liu Mao-tsai 1969 - Liu Mao-tsai. *Kutscha und seine Beziehungen zu China vom 2. Jh. v. bis zum 6 Jh.n.Chr.*, 2vols., Wiesbaden, 1969, p. 20 - 33.	劉茂才，1969 年—— 劉茂才，《公元 2–6 世紀龜兹及其與中原的關係》，2 卷本，威斯巴登，1969 年，第 20–33 頁。
Lűders 1940 - Lűders Heinrich. Die Pranidhi Bilder im neunten Temple of Beseklik. Reprint: *Philologia Indica*, Göttingen, 1940, s.255 - 274.	吕德斯，1940 年—— 海因里希·吕德斯，《柏孜克里克第 9 窟的誓願圖》，轉載《印度語文學》，哥廷根，1940 年，第 255–274 頁。
Maillard, 1983 - Maillard Monique. *Grottes et Monuments D'Asie Centrale*. Paris, 1983.	梅拉德，1983 年—— 莫尼克·梅拉德，《中亞的石窟與古蹟》，巴黎，1983 年。

Mission Paul Pelliot 1982 - *Mission Paul Pelliot.* Hallade Madeleine, Simone Gaulier, L. Courtois. Douldour - Aqour et Soubachi. // vol.17, Paris, 1982.	《伯希和中亞探險考察》，1982 年 ——《伯希和中亞探險考察》：哈拉德・瑪德琳、西蒙・高利耶、L・庫爾圖瓦，《都勒都爾 – 阿胡爾和蘇巴什》，載卷 17，巴黎，1982 年。
Mission Paul Pelliot 1987 - *Mission Paul Pelliot.* Chao Huashan, Simone Gaulier, Maillard Monique, Pinault Georges. Sites divers de la region de Kutcha, vol.VIII, 1987.	《伯希和中亞探險考察》，1987 年 ——《伯希和中亞探險考察》：晁華山、西蒙・高利耶、莫尼克・梅拉德、喬治・皮諾特，《龜兹地區的遺址》，卷 VIII，1987 年。
National Museum of Korea 2007 - *National Museum of Korea*, Seoul, 2007.	《韓國國家博物館》，2007 年 ——《韓國國家博物館》，首爾，2007 年。
Rhie 2002 - Rhie M. *Early Buddhist Art of China and Central Asia.* 2 vols. Leiden-Boston-Köln, 2002.	麗 艾，2002 年 ——M・麗艾，《中國和中亞的早期佛教藝術》，2 卷本，萊頓 – 波士頓 – 科隆，2002 年。
Rowland 1974 - Rowland B. *The Art of Central Asia.* New York, 1974, p 154	羅 蘭，1974 年 ——B・羅蘭，《中亞藝術》，紐約，1974 年，第 154 頁。
Samosyuk 1997 - Samosyuk K. Tibetan – style Painting from Turfan // *Tibetan Art.* Towards Definition of Style. Ed. by J・C・ Singer & Ph・ Denwood. London, 1997. P. 80–86.	薩瑪秀克，1997 年 ——K・薩瑪秀克，《吐魯番的吐蕃風繪畫》，載《吐蕃藝術》，J・C・辛格和 Ph・鄧伍德的風格定義，倫敦，1997 年，第 80–86 頁。
Serinde 1995 - *Serinde,Terre de Buddha. Dix siècles d'art sur la Route de la Soie*, publ. par Gies J. et Cohen M. Paris, 1995.	《西域》，1995 年 ——《西域 —— 佛國：公元十世紀絲綢之路的藝術》，J・吉斯和 M・科恩出版，巴黎，1995 年。
Soper 1969 - Soper A・C. *Literary Evidence for early Buddhist Art in China.* Ascona, Switzerland, 1969, p. 186-187.	索 珀，1969 年 ——A・C・索珀，《中國早期佛教藝術的文獻證據》，阿斯科納，瑞士，1969 年，第 186–187 頁。
Soper 1958 - Soper A・C. Northern Liang and Northern Wei in Kansu. //*AA*, vol. XXI, 2, 1958	索 珀，1958 年 ——A・C・索珀，《甘肅北凉和北魏》，載《亞洲藝術》，卷 XXI，1958 年。
Soper 1959 - Soper A・C. A Tang Parinirvana Stele. // *AA*, vol. XXII, 1, 2, 1959	索 珀，1959 年 ——A・C・索珀，《唐大般涅槃碑》，載《亞洲藝術》，卷 XXII，1959 年。
Stein 1912 - Stein, M・A. *Serindia: Detailed Report of Explorations in Central Asia and Westernmost China.* London, 1912, 5 vols.	斯坦因，1921 年 ——M・A・斯坦因，《西域考古圖記》（中亞和中國西部探險考察詳細報告），倫敦，1912 年，5 卷本。
Stein 1928 - Stein, M・ A. *Innermost Asia*, vol. II, text, Oxford, 1928. P. 812 - 815, 823. Toghrak-Akin, p.814, pl.353, sketch plan Tajik. vol. III pl.41,42.	斯坦因，1928 年 ——M・A・斯坦因，《亞洲腹地》，卷 II，文本，牛津，1928 年，第 812–815 頁。托乎拉克艾肯，第 814 頁，圖版 353，鐵吉克平面草圖，卷 III，圖版 41、42。
Tanabe 2001 - Tanabe Katsumi. A Kushano-Sasanian Silver Plate and Central Asian Tigers. *SRAA* №7, 2001, fig.17.	田 邊，2001 年 —— 田邊勝美，《一隻貴霜 – 薩珊銀盤和中亞虎》，載《絲綢之路藝術與考古研究》，第 7 期，2001 年，圖 17。
Trombert 2000 - Trombert Eric avec la collaboration de Ikeda On et Zhang Guangda // *Les Manuscrits Chinoise de Koutcha.* Fond Pelliot de la Bibliothek National de France. Paris, 2000.	童 丕，2000 年 —— 童丕，《池田與張廣達的合作》，載《龜兹的漢文寫本》，法國國家圖書館伯希和文獻，巴黎，2000 年。
Waldschmidt 1928 - Waldschmidt E. *Die Buddhistische Spätantike in Mittelasien*, Berlin, 1928, vol.VI, 68.	瓦爾德施密特，1928 年 ——E・瓦爾德施密特，《新疆佛教藝術》，柏林，1928 年，卷 VI，第 68 頁。

Whitfield 1982 – 1985- Whitfield R. *The Art of Central Asia: the Stein Collection at the British Museum*, Tokyo, 1982-1985, 3 vols.	韋陀，1982–1985 年——R・韋陀，《西域美術——大英博物館斯坦因藏品》，東京，1982–1985 年，3 卷本。
Whitfield 1999 - Whitfield R. and Farrer A・ A. *Caves of the Thousand Buddhas; Chinese Art from the Silk Route.* London, 1999.	韋陀，1999 年——R・ 韋陀和 A・ A・法雷爾，《千佛洞：絲綢之路的中國藝術》，倫敦，1999 年。
Whitfield 1996 - Whitfield R. *Dunhuang, Caves of the singing sands*. London, 1996, 2 vols.	韋陀，1996 年——R・韋陀，《敦煌鳴沙山石窟》，倫敦，1996 年，2 卷本。
Yaldiz 1987 - Yaldiz M. *Archeologie und Kunstgeschichte Chinesisch - Zentralasien (Xinjiang)*, Leiden, 1987, s. 28-40.	雅爾荻兹，1987 年——M・雅爾荻兹，《中國新疆的考古與藝術史》，萊頓，1987 年，第 28–40 頁。
Yaldiz 1992 - Yaldiz M. On the Interpretation of a Buddhist Mural from Kizil, Chinese Central Asia. // *Eastern Approaches*. Essays on Asian Art and Archaeology, Delhi, 1992, p. 45	雅爾荻兹，1992 年——M. 雅爾荻兹，《中國新疆龜兹佛教壁畫的闡釋》，載《東方之道》，亞洲藝術與考古學隨筆，德里，1992 年，第 45 頁。
Yaldiz 2000-2001 - Yaldiz M. One of Xinjiang's Mysteries: Cave 123 in Kizil, the Cave with the Ring-bearing Doves. *Indo-Asiatische Zeitschrift*, 2000 – 2001, 4|5 p.47 – 55.	雅爾荻兹，2000–2001 年——M・雅爾荻兹，《一個新疆的謎：克孜爾千佛洞飛鴿銜環窟——123 窟》，載《印度亞洲雜志》，2000–2001 年，4|5，第 47–55 頁。
Yaldiz 2010 - Yaldiz M. *Evaluation of the Chronology of the Murals in Kizil*, Kucha Oasis. 2010	雅爾荻兹，2010 年——M・雅爾荻兹，《庫車綠洲克孜爾壁畫的年代》，2010 年。
Yatsenko 2001 - Yatsenko S・ A. The Costume of the Yue-Chih: Kushans and its Analogies to the East and to West. // *SRAA*, vol 7, 2001, p 73 – 121.	雅岑科，2001 年——S・ A・雅岑科，《月氏的服飾：貴霜及其與東方和西方類似的》，載《絲綢之路藝術與考古研究》，卷 7，2001 年，第 73–121 頁。
Zin 2005 – 2011 - Zin Monika. The Identification of Kizil Paintings. I , II, III, IV, V // *Indo-Asiatische Zeitschrift* – 9-2005, 11- 2007, 12-2008, 14 -2010, 15 -2011.	Zin，2005 年—— 莫妮卡・岑，《克孜爾壁畫題材識別》I、II、III、IV、V，載《印度亞洲雜志》，2005 年第 9 期、2007 年第 11 期、2008 年第 12 期、2010 年第 14 期、2011 年第 15 期。
Го Жосюй 1978	郭若虛，《圖畫見聞志》，上海人民美術出版社，1963 年。
Дин Минъи 1989	丁明夷、馬世長、雄西，《克孜爾石窟的佛傳壁畫》，載《中國石窟・克孜爾石窟》，文物出版社，北京，1989 年，卷一，第 185–223 頁。
Дин Минъи 1989	丁明夷、馬世長，《圖版説明》，載《中國石窟・克孜爾石窟》，文物出版社，北京，1989 年，卷一，第 236–290 頁。
Дин Минъи 1983	丁明夷，《克孜爾第一一〇窟的佛傳壁畫》，載《敦煌研究》，甘肅人民出版社，1983 年，第 83–94 頁。
Дин Цзюань 2005	丁 娟，《庫木吐喇之精華——新一號窟》，載《新疆文物》，2005 年第 2 期。
Дуань Вэньцзе1980	段文傑，《早期莫高窟藝術》，載《敦煌莫高窟》第一卷，北京，1980 年。
Дуньхуан1979 – 1982	敦煌研究院，《中國石窟・敦煌莫高窟》五卷本，文物出版社，北京，1979–1982 年。

Жэнь Маньсинь1993	龜茲石窟研究所，拜城縣史志編纂委員會，阿克蘇地區史志編纂委員會，《克孜爾石窟志》，任滿鑫責任編輯，上海人民出版社，1993年，第274–292頁。
Жун Синьцзян2005	榮新江，《丹丹烏里克的考古調查與唐代于闐傑謝鎮》，載《新疆文物》，2005年第3期。
Ли Ли2005	李 麗，《試論庫木吐喇石窟壁畫風格的演變》，載《新疆文物》，2005年第2期。
Ли Чжицин2006	李志清，《克孜爾石窟本生故事題材的種類及相關問題》，載《新疆文物》，2006年第1期。
Лю Чжанмин2008	劉長明主編，《中國新疆壁畫・龜 茲》，新疆美術攝影出版社，2008年。
Мори Митико2005	森美智子，《關於龜茲石窟的誓願圖》，2005年8月27日第二屆全國吐魯番學大會上的報告。
Мяо Лихуй2005	苗利輝，《龜茲石窟的風神和金翅鳥》，載《新疆文物》新疆龜茲石窟研究所專刊，2005年第2期，第67 – 74頁。
Пэн Цзе2005	彭 傑，《龜茲佛教造像法述略》，載《新疆文物》，2005年第2期。
Саньцзан 1979	三藏法師玄奘，《大唐西域記》，京都，1979年。
Синьцзян вэньу2005	新疆維吾爾自治區文物考古研究所，《新疆文物》新疆龜茲石窟研究所專刊，2005年第2期。
Синьцзян 1975	新疆維吾爾自治區博物館，《新疆出土文物》，1975年。
Синьцзян 2005	新疆維吾爾自治區文物考古研究所，《新疆文物》新疆龜茲石窟研究所專刊，2005年第2期。
Су Бай 1989	宿 白，《克孜爾部分洞窟階段劃分與年代等問題的初步探索 —— 代序》，載《中國石窟・克孜爾石窟》，文物出版社，北京，1989年，第10–23頁。
Tan Shutong 1981	譚樹桐、安春陽，《新疆壁畫》上、下，北京 – 東京，1981年。
Хань Сян 1990	韓 翔、朱英榮，《龜茲石窟》，新疆大學出版社，1990年。
Хо Сюйчу 2005	霍旭初，《龜茲藝術研究》，新疆龜茲石窟研究所，新疆人民出版社，2005年。
Хэ Фан 2005	何 芳、殷弘承，《克孜爾石窟壁畫護法神中的多首多臂形象》，載《新疆文物》新疆龜茲石窟研究所專刊，2005年第2期，第74–80頁。
Чжао Ли 2000	趙 莉、彭 傑、霍旭初，《克孜爾石窟內容總録》，新疆美術攝影出版社，2000年。
Чжао Ли 2008	趙 莉、苗利輝，《龜茲》，新疆美術攝影出版社，2008年。
Чжан Пин 2005	張 平，《龜茲》，新疆人民出版社，2005年。
Чжан Яньюань 2002	張彥遠，《歷代名畫記》，上海，2002年。

Чэнь Шилян1993	陳世良,《龜兹壁畫藝術叢書》,新疆龜兹石窟研究所,第二册《本生故事》,1993 年。
Чжан Хуйлинь 2005	張惠玲,《克孜爾石窟中帝釋天與梵天形象》,載《新疆文物》,2005 第 2 期。
Юань Тинхэ 1993	袁庭鶴,《龜兹壁畫藝術叢書》,新疆龜兹石窟研究所,第一册《動物》,1993 年。
Ян Шухун 2005	楊淑紅,《龜兹石窟新出文物精品集萃》,載《新疆文物》,2005 年第 2 期。

縮略語

ГЭ　國立艾爾米塔什博物館
ЗВОРАО　《俄羅斯考古學會東方部會刊》
МИА　《蘇聯考古學材料與研究》
ОНУ　《烏兹别克斯坦社會科學》
ППВ　東方文字遺蹟
РКСА　俄羅斯中亞與中央亞細亞研究委員會
СГЭ　《國立艾爾米塔什博物館通報》
СНВ　《東方的國家與民族》
ТГЭ　《國立艾爾米塔什博物館文集》
ТОВ ГЭ　《國立艾爾米塔什博物館東方部文集》
ЭЧ　國立艾爾米塔什博物館讀物

AA　《亞洲藝術》
AAs.　《亞洲藝術》
AS　《亞洲研究》
BEFEO　《遠東法國學院通報》
IAIS　亞洲内陸的國際風格
JA　《亞洲雜志》
JSRS　《絲綢之路研究雜志》
MS JOS　《華裔學志》
NHK　日本放送協會
NPMB　《故宫博物院通報》
OA　《東方藝術》
Or.　東方的
SAA　《南亞考古學》
SRAA　《絲綢之路藝術與考古研究》

圖書在版編目（ＣＩＰ）數據
俄藏龜兹藝術品 / 俄羅斯艾爾米塔什博物館，
西北民族大學，上海古籍出版社編纂. -- 上海：上海古籍
出版社，2018.9（2019.10重印）
ISBN 978-7-5325-8968-5

Ⅰ. ①俄... Ⅱ. ①俄... ②西... ③上... Ⅲ. ①龜兹－藝術品－
－圖集 Ⅳ. ①K872.450.2

中國版本圖書館CIP數據核字(2018)第201325號

本書爲
“十三五”國家重點圖書出版規劃項目
2018年國家出版基金資助項目
2017年上海市新聞出版專項資金資助項目

Kuche Art Relics Collected in Russia

Participating Institutions
The State Hermitage Museum, Russia
Northwest University for Nationalities
Shanghai Chinese Classics Publishing House

Publisher
Shanghai Chinese Classics Publishing House
272, Ruijin Second Road, Shanghai, P. R. China
Post Code: 200020 FAX: (86-21)64339287
Http://www.guji.com.cn
Http://www.ewen.co
E-mail:guji1@guji.com.cn

俄藏龜兹藝術品

編　纂
俄羅斯國立艾爾米塔什博物館
西北民族大學
上海古籍出版社

出版發行
上海古籍出版社
（上海市瑞金二路272號 郵政編碼200020）
網址：www.guji.com.cn E-mail：guji1@guji.com.cn
易文網網址：www.ewen.co

上海世紀嘉晉數字信息技術有限公司 印刷
2018年9月第1版　2019年10月第2次印刷
開本 787×1092 1/8
插頁30 印張 51.5
ISBN 978-7-5325-8968-5

K•2539 定價：3800.00元（全二册）

克孜爾尕哈石窟